Sibylle Kroll

RICHTIG LERNEN

Tipps und Lernstrategien für die Klassenstufen 5 bis 7

STARK

Dieser Band wurde nach der neuen Rechtschreibung abgefasst.

ISBN: 3-89449-348-8

Inhalt

Fortsetzung siehe nächste Seite

Autorin: Sibylle Kroll
Illustrator: Igor Schulz-Bertram

Vorwort

Liebe Schülerin, lieber Schüler,

haben dir deine Eltern dieses Buch gekauft? Vielleicht haben sie dies unter dem Hinweis „Da lies mal, damit du endlich richtig lernen lernst“ getan? Doch mit verordneten Pflichtlektüren ist das so eine Sache: Man liest sie oft nur widerwillig, weil man sich gegen die dahinterstehende Absicht sträubt. Eine lästige Pflichtlektüre also, aber genau das soll dieses Buch nicht für dich bedeuten!

- Lies darin, solange es dir Spaß macht, und teile es in handliche Portionen von etwa **15 Minuten pro Tag** auf. Dies ist eine Zeitspanne, innerhalb derer wir uns normalerweise gut konzentrieren können. Du brauchst dieses Buch auch nicht unbedingt von vorne bis hinten durchzulesen. Du kannst damit verfahren, wie du es vielleicht schon mit einem spannenden Krimi getan hast: nach den ersten Seiten schnell mal auf die letzte gesprungen und nachgelesen, wie die Geschichte ausgeht.

- Sieh dir anschließend das **Inhaltsverzeichnis** an und beginne dann an einem für dich wichtigen oder interessanten Punkt. Möchtest du zu einem speziellen Problem – etwa, wie lernt man richtig Vokabeln – etwas wissen, dann starte dort mit deiner Lektüre.

- In diesem Buch findest du eine Reihe von Vorschlägen zur Verbesserung deines Lernverhaltens. **Wichtig ist, dass du solche Vorschläge wirklich ausprobierst.** Bitte deine Eltern dabei um Unterstützung.

Und nun wünschen wir dir viel Vergnügen mit der Lektüre dieses Buches!

Sibylle Kroll

Äußere Arbeitsbedingungen –
Wer Ordnung hält, ist nur zu faul zum Suchen

Matthias setzt sich an den Schreibtisch, um seine Hausaufgaben zu erledigen. Genauer gesagt fegt er zuerst seine Klamotten, die noch vom Vortag über der Stuhllehne hängen, schwungvoll in die Ecke. Dann öffnet er seinen Schulranzen: Zuoberst liegen die Papiertüte mit dem angebissenen Pausenbrot und einige zerknüllte Zettel. Unglücklicherweise hat die Tomatenscheibe auf dem Brot die Papiertüte durchweicht und einen unschönen roten Abdruck auf dem neuen Lateinbuch hinterlassen. Mist, der Spitzer war wieder mal nicht richtig zugeschraubt! Im Mathematikheft tummeln sich bunte Bleistiftspäne, als wollten sie der grauen Eintönigkeit der Formeln trotzen ...

Kommt dir diese Szene bekannt vor? Einmal ganz ehrlich, gehörst du auch zu den Schülern, deren Schulranzen im Laufe des Schuljahres immer weiter an Gewicht zunimmt, weil sich alte Arbeitsblätter, vollgeschriebene Blöcke, Papierflieger und Tempotaschentücher darin wundersam vermehren?
Außen Chaos – innen Chaos, behaupten viele Ordnungsliebende. Du magst einwenden, Hauptsache, ich kenne mich in meinem Chaos aus. Tatsache ist jedoch, dass Unordnung wertvolle Zeit kostet, die du anderweitig nutzen könntest. „Wer Ordnung hält, ist nur zu faul zum Suchen“, lautet ein altes Sprichwort. Wenn du minutenlang nach Lineal oder Spitzer in deinem unüberschaubaren Schulranzen fahnden oder dir erst eine Schneise in das Dickicht aus Stickeralben, Comics, Briefen usw. auf deinem Schreibtisch schlagen musst, wird es höchste Zeit, etwas zu verändern.

1. Ordnung im Schulranzen

Am besten du beginnst mit deinem Schulranzen. (Wenn Ordnung in deinem Schulranzen für dich selbstverständlich ist, dann überfliege diesen Abschnitt und lies beim nächsten weiter.) Überprüfe seinen Inhalt einmal nach folgenden Gesichtspunkten:

- **Welche Dinge benötige ich täglich?**

  Zubehör, das du nur ab und zu brauchst, deponierst du am besten unter deiner Schulbank. Falls dies nicht möglich ist, mach es dir zur Gewohnheit, am Abend vor dem Schlafengehen anhand des Stundenplans zu kontrollieren, ob du für den nächsten Schultag alles Wichtige eingepackt hast. Sortiere überflüssige Dinge bei dieser Gelegenheit aus. Schleppst du z. B. deinen Edkunde-

Atlas, den du nur einmal in der Woche benötigst, täglich mit dir herum, vergeudest du Kraft und schadest außerdem deiner Körperhaltung.

- **Ist alles, was ich brauche, sofort griffbereit?**

Kommst du an Utensilien wie z. B. das Hausaufgabenheft, den Spitzer oder das große Lineal heran, ohne dass du den ganzen Schulranzen ausräumen musst? Ist dies nicht der Fall, ist dein Schulranzen überladen oder zu klein. In jeder geeigneten Schultasche gibt es Seitenfächer für Geldbörse, Spitzer oder Lineal, also Dinge, die nicht ins Federmäppchen passen.

- **Ist mein Schreibgerät in einem gebrauchsfertigen Zustand?**

Wenn du dein Federmäppchen öffnest, sollten dir nicht lauter ungespitzte oder abgebrochene Farb- oder Bleistiftstummel entgegenkommen. Du weißt wahrscheinlich, wie ärgerlich es ist, wenn du erst auf dem Grund deiner Schultasche nach einer neuen Füllerpatrone tauchen oder gar ins nächste Schreibwarengeschäft laufen musst, wo dir doch gerade die zündende Idee für den Hausaufsatz kommt. Darum sorge dafür, dass deine Schreibgeräte in einem gebrauchsfertigen Zustand sind und kümmere dich beizeiten um Nachschub.

2. Fester Arbeitsplatz

Wenn wir uns abends ins Bett legen, stellt sich unser Körper auf Schlafen ein, es sei denn, es quälen uns schwere Sorgen. Wir haben gelernt, das Bett als einen Ort der Erholung anzusehen. Ähnlich ist es mit unserem Arbeitsplatz, vorausgesetzt, wir haben einen festen. Haben wir es uns zur Gewohnheit gemacht, stets an demselben Ort, z. B. am Schreibtisch in unserem Zimmer, unsere Schularbeiten zu erledigen, stellt sich unser Körper sozusagen automatisch auf Arbeit ein, wenn wir diesen Ort aufsuchen. Daher ist es günstig, wenn du immer am selben Ort arbeitest, vor allem bei Arbeiten, die ein hohes Maß an Konzentration erfordern. Natürlich solltest du dich dort wohl fühlen und keine starke Abneigung gegen ihn empfinden, denn dies kann sich hemmend auf deinen Lernerfolg auswirken. Gestalte dir also deinen Arbeitsplatz so freundlich und gemütlich wie möglich. Achtung! Das heißt nicht, dass du Gemütlichkeit mit Chaos verwechseln solltest. Auf deinem Schreibtisch muss Übersicht herrschen!

3. Ordnung am Arbeitsplatz

Wenn du Lust hast, mache einmal die Probe aufs Exempel: Hol dir alles auf deinen Schreibtisch, was dir Vergnügen bereitet und deiner Meinung nach ruhig dort liegen darf. Bravos, Micky-Maus-Hefte, Fotoalben, CDs, Briefe, Stifte, Süßigkeiten oder Ähnliches – alles ist erlaubt! Und nun arbeite wenigstens vier Tage an deinem Schreibtisch, ohne ihn aufzuräumen. Beobachte dich ganz genau und sei dir selbst gegenüber ehrlich. Unter welchen Bedingungen fällt dir das Lernen leichter?

Wahrscheinlich hast du die Erfahrung gemacht, dass du an einem übersichtlichen Schreibtisch besser und schneller arbeiten kannst. Es lohnt sich also, Ordnung zu schaffen. **Auf dem Schreibtisch sollten nur die Dinge liegen, die du gerade zur Arbeit benötigst!** Daher, weg mit den Briefen, Zeichnungen, Zeitschriften, angefangenen Bastelarbeiten usw. Sie lenken nur von der Arbeit ab. Besonders wenn der Arbeitseinstieg schwer fällt, ist die Versuchung groß, eben noch mal

einen Blick in den Brief von der besten Freundin zu werfen oder doch noch ein bisschen am Modellflugzeug weiterzubasteln. Gewöhne dir an, nach Beendigung einer Arbeit, z. B. der Englisch-Hausaufgaben, die dafür benötigten Arbeitsmaterialien (Englisch-Wörterbuch, Vokabelheft, Hausheft usw.) gleich wieder wegzuräumen, sodass du genug Platz für die nächste Arbeit hast. Das Wegräumen darfst du dabei schon als kleines Erfolgserlebnis verbuchen: Du hast eine Aufgabe erledigt und musst dich nicht mehr mit ihr beschäftigen.
Für manche Hausarbeiten benötigst du **Hilfsmittel,** die du weder ständig mit dir im Schulranzen herumschleppen noch dauernd auf dem Schreibtisch liegen lassen kannst, weil sie zu viel Platz beanspruchen würden: Wörterbücher, Rechtschreibduden, Grammatiken, Lexika, Ordner usw. Solche Arbeitsmittel kannst du z. B. in einem Regal **in der Nähe deines Schreibtisches unterbringen.** Wichtig ist, dass du nicht erst lange suchen oder das Zimmer verlassen musst, um an sie heranzukommen.

4. Die ideale Ausstattung: Arbeitsmöbel, Beleuchtung, Pinnwand

Überprüfe einmal den momentanen Zustand deines Arbeitsplatzes! Zeichne hier deinen Schreibtisch mit Arbeitsstuhl sowie die nähere Umgebung deines Arbeitsplatzes ein. Vergiss auf deinem Bild die Lichtquelle nicht!

Vergleiche nun deine Zeichnung mit der folgenden Abbildung. Darauf siehst du einen optimal ausgestatteten Arbeitsplatz:

Am günstigsten ist ein eigener Schreibtisch im eigenen Zimmer, den du dir mit niemandem teilen musst. Lassen die räumlichen Verhältnisse in eurer Wohnung dies nicht zu, tut es zur Not auch ein an der Wand befestigter Klapptisch oder der Esstisch. Bestimmt ist es möglich, dir irgendwo ein ungestörtes Plätzchen einzurichten, an dem du vor plappernden Geschwistern oder telefonierenden Familienmitgliedern sicher bist. Ein unentbehrlicher Begleiter für effektives und planvolles Arbeiten ist eine **Pinnwand oder Magnettafel.** Auf ihr können das aktuelle Lernpensum sowie wichtige Termine, Daten, Informationen oder Stundenpläne schön übersichtlich festgehalten werden. Eine Pinnwand kann man entweder kaufen oder aus Styropor- oder Korkplatten, wie sie in jedem Baumarkt zu bekommen sind, selbst herstellen.

5. Das Wichtigste auf einen Blick

- Schaffe Übersicht in deinem Schulranzen.
- Arbeite an einem festen Platz, möglichst am eigenen Schreibtisch.
- Achte beim Arbeiten auf eine aufrechte Sitzhaltung.
- Sorge für eine ausreichende, schattenfreie Beleuchtung deines Arbeitsplatzes (bei Rechtshändern sollte das Licht von links, bei Linkshändern von rechts kommen).
- Lege auf den Schreibtisch nur Dinge, die du im Moment zur Arbeit brauchst.
- Bringe Hilfsmittel wie Wörterbücher, Duden, Ordner usw. in der Nähe deines Arbeitsplatzes unter.

Anlaufschwierigkeiten beim Lernen –
Von null auf hundert

Jonas sitzt gedankenverloren an seinem Schreibtisch – vor ihm das aufgeschlagene Lateinbuch. Die Sache mit Sabine geht ihm nicht aus dem Kopf: Hat sie ihn in der Pause wirklich so bedeutungsvoll angelächelt oder hat er sich alles nur eingebildet?
Er sollte sich zusammenreißen: Jetzt bloß nicht an Sabine denken! Hat nicht der Strunz angedeutet, dass er Jonas morgen in Latein ausfragen will? Zu dumm, dass er sich die Latein-Hausaufgabe nicht notiert hat. Ob er es wagen soll, Sabine wegen der Hausaufgaben anzurufen? Oder vielleicht doch lieber mit Mathe anfangen? Am besten erst mal 'ne Cola aus der Küche holen – das hilft gegen die Müdigkeit!

1. Freier Kopf für klare Gedanken: wenn du dich nicht konzentrieren kannst

Wenn wir geistig arbeiten, müssen wir in der Lage sein, unsere Aufmerksamkeit **ungeteilt einer Sache** zuzuwenden – und zwar über einen längeren Zeitraum hinweg. Doch so einfach ist das manchmal gar nicht. Häufig ist unser Kopf bereits besetzt von Gedanken und Gefühlen, die unsere Aufmerksamkeit in Anspruch nehmen und uns am konzentrierten Arbeiten hindern. Ignorierst du solche Störfaktoren, wirst du dich mit dem Lernen quälen und zu keinem befriedigenden Ergebnis kommen. Deshalb solltest du zunächst ihren Ursachen auf den Grund gehen.

Innere Störfaktoren

- **Aufwühlende Gefühle und Problemgedanken**

  Hast du Liebeskummer oder musst du unentwegt an den Streit mit deiner besten Freundin oder deinem besten Freund denken, ist es kein Wunder, wenn deine Gedanken immer wieder von der Arbeit abschweifen. Falls möglich, **versuche** solche **Störungen vor der Arbeit zu klären,** indem du z. B. mit der betreffenden Person sprichst. Dies wird freilich nicht immer machbar sein, weil die Zeit drängt. Nimm dir in diesen Fällen wenigstens dazu Zeit: Vergegenwärtige dir kurz die Probleme, die deinen Kopf besetzen.

Notiere die belastenden Gedanken ohne langes Nachdenken in Stichworten **auf kleine Zettel.** Jedes Problem kommt auf ein Extrapapier. Anschließend gehst du die Zettel noch einmal der Reihe nach durch und überlegst dir bei jedem, was du später, nach der Arbeit tun könntest, um das betreffende Problem zu lösen. Danach zerknüllst du das jeweilige Papier und wirfst es weg. Auf diese Weise entledigst du dich deines „Problemmülls“ und bekommst den Kopf frei für klare Gedanken.

- **Negatives Selbstbild**

  Auch die Angst, etwas nicht zu schaffen oder die Angst, zu versagen, kann unsere Konzentrationsfähigkeit blockieren. Bist du z. B. der festen Überzeugung *In Mathe war ich noch nie eine Leuchte* bist du vielleicht geneigt, jedes auftretende Problem in diese Schublade zu stecken: *Kann ich ja eh nicht!* Diesem negativen Selbstbild solltest du jedoch ganz bewusst entgegenarbeiten (siehe S. 99 ff.). **Jeder** Mensch hat Stärken und Schwächen, aber jeder kann an seinen Schwächen arbeiten. Du solltest also nicht gleich die Flinte ins Korn werfen!

- **Der Körper muss befriedigt sein**

  Durst, Hunger, Müdigkeit, Schmerzen und Erschöpfung können unsere Aufmerksamkeit stark beanspruchen und ein konzentriertes Arbeiten behindern. Sorge daher dafür, dass du körperliche Bedürfnisse befriedigst, bevor du geistig arbeitest.

Äußere Störfaktoren

Noch schnell etwas Ordnung auf dem Schreibtisch schaffen, ein paar Hilfsmittel aus dem Nebenzimmer holen, das Zimmer lüften und dabei mal eben aus dem Fenster sehen, kurz noch den plappernden kleinen Bruder zurechtweisen – solche Tätigkeiten sind durchaus dazu geeignet, Störungen zu beseitigen. Vorsicht, ihr Abstellen sollte jedoch den Arbeitsbeginn nicht unnötig hinauszögern. Hindernisse wie ein schlecht organisierter Arbeitsplatz (siehe S. 5 ff.), Lärm in der Umgebung, Kälte, verbrauchte Luft usw. – lassen sich normalerweise kurz und bündig beseitigen.

2. Durch geistige Sammlung zur Konzentration

Die folgenden Konzentrations- und Denksportaufgaben trainieren deine Fähigkeit, dich einer Sache ungeteilt zuzuwenden:

Aufgaben

1. Kleintierzüchter treffen sich zu einem Wettbewerb. Der schönste Zuchthund soll prämiert werden. Vor lauter Aufregung sind die vierbeinigen Freunde wild durcheinander gelaufen. Ihre Leinen haben sich vollkommen verheddert. Kannst du erkennen, welcher Hund zu welchem Herrchen gehört?

2. Alle schwarzen Karten haben Kreise auf ihrer Rückseite. Wie viele der vier abgebildeten Karten musst du mindestens umdrehen, um zu prüfen, ob diese Behauptung stimmt?

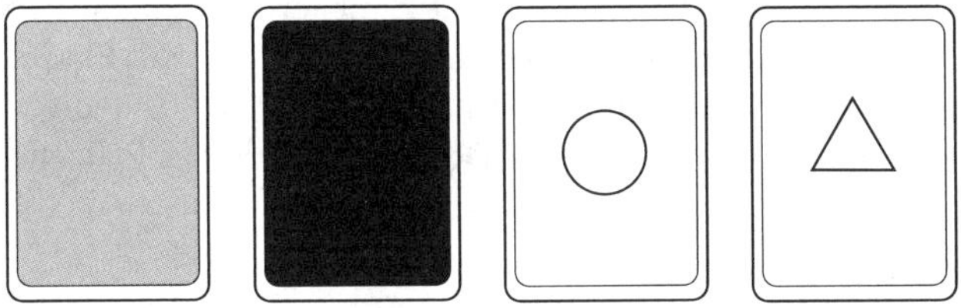

3. Die Maus will auf dem schnellsten Wege zum Käse. Um dorthin zu gelangen, muss sie den Pfeilen folgen. Sie geht so lange in die durch einen Pfeil vorgeschriebene Richtung, bis sie auf ein Feld mit einem neuen Pfeil gelangt. Bei einem Doppelpfeil kann sie zwischen den angegebenen Richtungen wählen. Finde den richtigen Weg zum Ziel heraus!

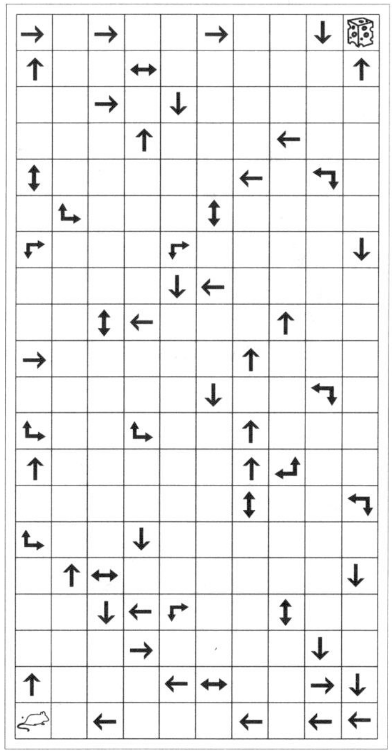

4. Die Etiketten der unten abgebildeten Keksdosen wurden versehentlich vertauscht. Das heißt, **keine der drei** Dosen enthält das, was auf ihrem Etikett steht. Die Dosen enthalten entweder ausschließlich Lebkuchen, ausschließlich Zimtsterne oder Lebkuchen **und** Zimtsterne in einem Behälter. Sie sind aus Blech und verschlossen. Du darfst lediglich **ein** Plätzchen **aus einer einzigen** Dose herausnehmen. Danach musst du alle drei Dosen richtig beschriften können. Aus welcher Dose nimmst du das Plätzchen?

3. Der Geist ist willig, das Fleisch ist schwach: Lernen und Tageszeit

Treibt dich deine Mutter immer gleich nach dem Mittagessen zum Hausaufgabenmachen an? Vielleicht schimpft sie sogar darüber, dass du um 14 Uhr immer so müde und lustlos über dem Schreibtisch hängst und nichts zu Papier bringst. Ein altes lateinisches Sprichwort heißt: „Plenus venter, non studet libenter." (übersetzt: „Ein voller Bauch studiert nicht gern.") Wenn du gerade ein üppiges Mittagessen hinter dir hast, wird deine ganze Energie für die Verdauung benötigt. Du fühlst dich träge und schlapp und einem kleinen Mittags-Nickerchen vielleicht nicht abgeneigt. In dieser Zeit solltest du dir ruhig etwas Ruhe gönnen und noch ein wenig mit der Erledigung der Hausaufgaben warten.
Nicht nur nach dem Mittagessen haben die meisten Menschen Schwierigkeiten, sich auf geistige Arbeit zu konzentrieren und wirklich gute Leistungen zu vollbringen, sondern auch unmittelbar nach dem Aufstehen. Betrachte einmal die folgende Grafik.

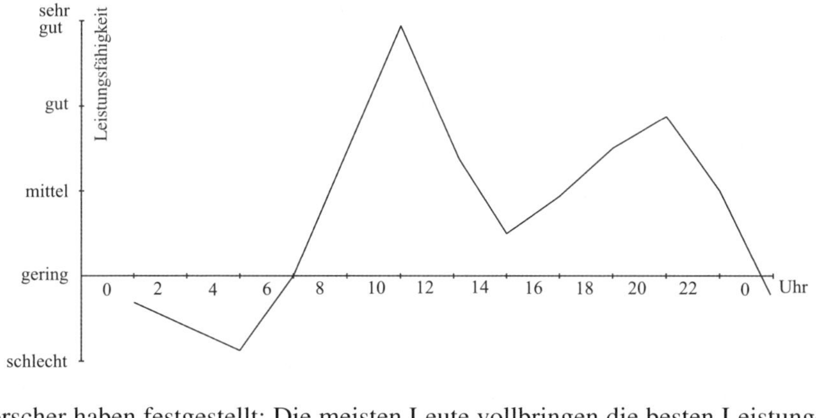

Forscher haben festgestellt: Die meisten Leute vollbringen die besten Leistungen zwischen 8 und 12 Uhr vormittags sowie zwischen 16 und 18 Uhr am Nachmittag. Richte dir deine Lernzeit also so ein, dass sie nicht unbedingt in das Leistungstief gegen 14 Uhr fällt. Natürlich gibt es auch Menschen, die anders reagieren und gerade dann besonders gut arbeiten, wenn andere lieber schlafen. Versuche deine optimalen Lernzeiten durch Experimentieren selbst herauszufinden. Wichtig ist jedoch, dass du dich an feste Arbeits- oder Lernzeiten gewöhnst, damit auch dein Freizeitvergnügen nicht zu kurz kommt (siehe S. 29 ff.).

4. Hilfe, so viele Hausaufgaben!

Du blickst in dein Hausaufgabenheft und schlägst es mutlos wieder zu. Ausgerechnet heute, wo du zusammen mit deinen Freunden die neuen Inline-Skates ausprobieren wolltest, sooo viele Hausaufgaben! Sogar in Religion. Und übermorgen muss der Hausaufsatz fertig sein ...

Klar, dass dich diese Aussichten nicht gerade beflügeln! Es bleiben zwei Möglichkeiten:

1. **Aufschieben:** Du erledigst die Hausaufgaben schnell am Abend vor dem Zubettgehen, nach dem Motto: Erst das Vergnügen, dann die Arbeit.
2. **Anfangen** – und zwar am besten mit den unangenehmsten Hausaufgaben.

Vielleicht denkst du jetzt, es gibt ja noch eine dritte Möglichkeit: Hausaufgaben abschreiben, morgen im Schulbus oder der großen Pause. Den Aufsatz schreibst du dann eben am nächsten – allerdings letzten! – Tag. Abschreiben solltest du aber deine Hausaufgaben grundsätzlich nur (!), wenn du in der Lage bist, sie auch selbstständig zu lösen, d. h. wenn du verstanden hast, nach welchem Muster sie funktionieren. Ist es beispielsweise deine Aufgabe, in zehn verschiedenen Sätzen Subjekt, Prädikat, Dativ- oder Akkusativobjekt herauszufinden und du schaffst dies mühelos in drei verschiedenen Sätzen, kannst du den Rest auch getrost abschreiben. Bedenke aber, dass du dann morgen im Schulbus oder der Pause kein lockeres Schwätzchen mit deinen Freunden halten kannst und dich damit selbst unter Druck setzt.

- **Zur ersten Möglichkeit – Hausaufgaben aufschieben**

  Mit dem Aufschieben ist das so eine Sache: Schiebst du Lerninhalte, die du dir einprägen musst, bis auf den letzten Drücker hinaus, kannst du sie dir vielleicht kurzfristig merken. Am nächsten Tag aber sind sie in der Regel wie weggeblasen, weil du keine Zeit für eine Wiederholung hattest. Wichtig ist daher, dass du rechtzeitig mit dem Lernen beginnst. **Du solltest den Stoff in aller Ruhe wiederholen können.** Denn nur so kann er sich wirklich „setzen“. Diese Art zu lernen ist zweifellos die sinnvollste. Sie erfordert aber Planung über einen mittelfristigen Zeitraum von wenigstens einer Woche (siehe S. 29 ff.).

- **Zur zweiten Möglichkeit – erst die schwierigen Hausaufgaben erledigen**

  Du hast dich also entschlossen, dein Vergnügen, nicht aber die Hausaufgaben aufzuschieben. Vielleicht denkst du dir: Erst bringe ich mal die unangenehmsten, schwierigsten Hausaufgaben hinter mich, dann muss ich mich wenigstens damit nicht mehr 'rumschlagen. Auf diese Weise würdest du jedoch das verdiente Vergnügen ungewollt noch weiter hinausschieben – hier die Gründe, warum das so ist.

Der Geist muss warmlaufen – 15 Minuten geistige Anwärmzeit

Kein Sportler würde auf die Idee kommen, aus dem Stand heraus, ohne vorherige Aufwärmübungen zu einem Wettkampf anzutreten. Dann wäre er nicht zu Spitzenleistungen fähig. Genauso wie der Körper oder Organismus eines Sportlers erst auf „Touren" kommen muss, um seine volle Leistungsfähigkeit zu erreichen, benötigt unser Gehirn eine gewisse Anlaufzeit, um in Topform zu kommen.
Vielleicht hast du an dir selbst schon einmal beobachtet, dass dir deine Hausaufgaben anfangs nicht so recht von der Hand gehen wollten, obwohl du alles bereitgelegt hattest und willens warst, sie schnell und gründlich zu erledigen.
Lernforscher haben beobachtet, dass wir erst eine Viertelstunde nach Lernbeginn voll leistungsfähig sind. Deshalb solltest du dir **für den Anfang leichtere Aufgaben** aussuchen, die dir außerdem **Spaß machen.** Fängst du nämlich gleich mit den verhassten Matheaufgaben an, die du schon in der Schule nicht verstanden hast, verschenkst du wertvolle Zeit, denn dein Gehirn muss sich erst auf die Problemstellung einstimmen. Außerdem findet man den Einstieg doch viel schneller, wenn's einem leicht von der Hand geht – oder?

5. Hausaufgabenheft, warum?

Das ist eine Seite aus Renates Hausaufgabenheft. Kein Wunder, dass sie bei ihren Hausarbeiten Anlaufschwierigkeiten hat: Zu Hause fragt sie sich: *Was war doch gleich die Deutschhausaufgabe? Im Unterricht wurden zwei Gedichte behandelt. Eines davon soll zu Hause auswendig gelernt werden – aber welches?* Bei der Mathehausaufgabe hat sie vergessen, die Seitenzahl der Aufgaben zu notieren.
Solche Unklarheiten kosten mindestens einen Anruf bei einem Mitschüler oder einer Mitschülerin und sind vermeidbar.

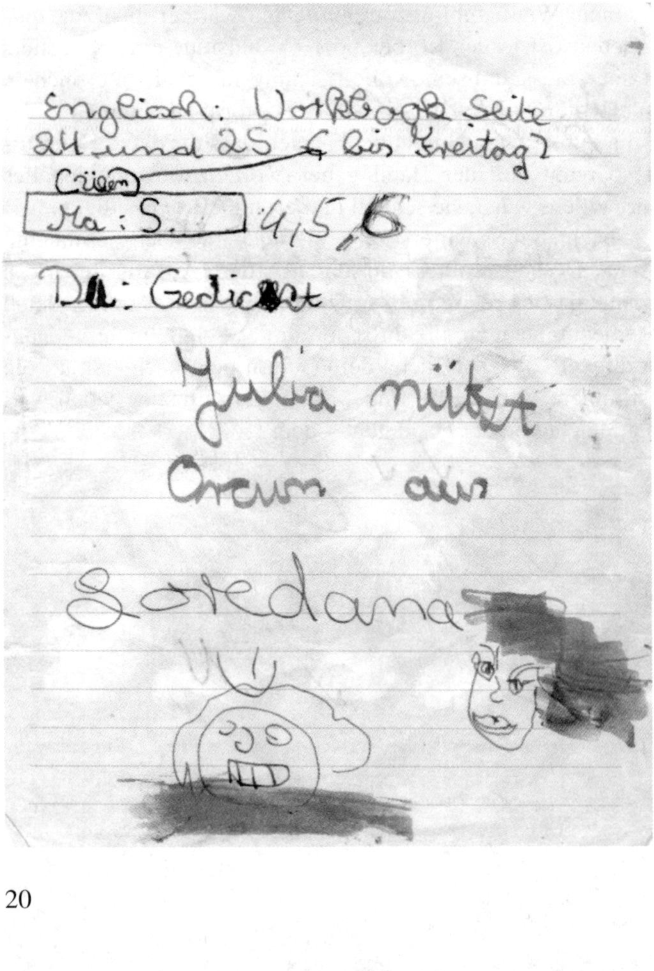

Darum notiere stets:

- Datum der Hausaufgaben
- genaue Aufgabenstellung – was soll gemacht werden, eventuell mit Beispiel
- Ort der Aufgaben im Buch mit Angabe der Seitenzahl und Nummer

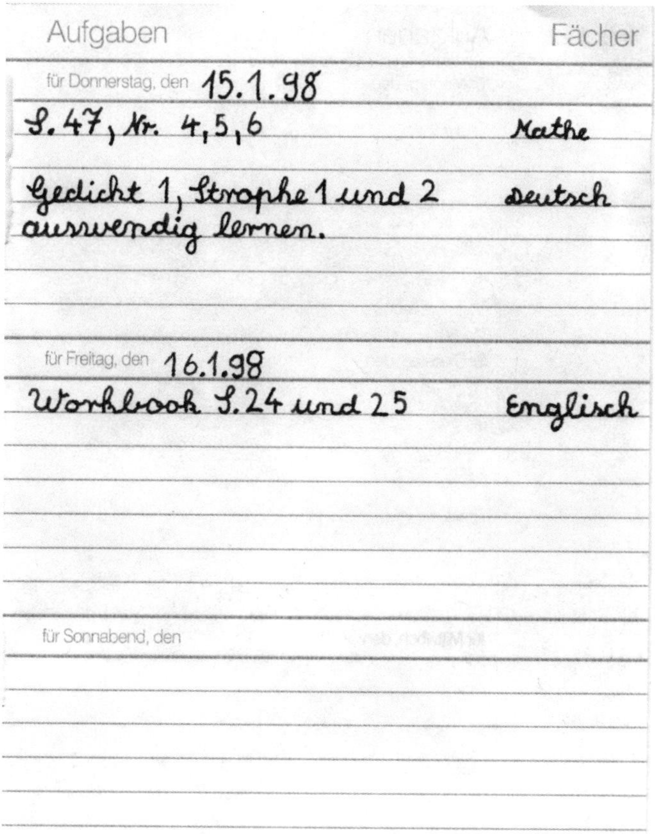

Aufgaben	Fächer
für Donnerstag, den 15.1.98	
S.47, Nr. 4,5,6	Mathe
Gedicht 1, Strophe 1 und 2 auswendig lernen.	Deutsch
für Freitag, den 16.1.98	
Workbook S.24 und 25	Englisch
für Sonnabend, den	

In der Schule sollte dir die Aufgabenstellung für die Hausaufgabe klar sein. Ist dies nicht der Fall, bitte deinen Lehrer um eine Erklärung. Notiere dir ein Beispiel ins Hausaufgabenheft, nach dem die Aufgaben funktionieren.
Haben deine Lehrer die Angewohnheit, die Hausaufgabe erst kurz vor Schluss der Stunde oder gleichzeitig mit dem Gong bekanntzugeben, sprich dieses Problem an. Falls du dich nicht selbst traust, bitte die Klassensprecher oder Klassensprecherin, dies im Namen der ganzen Klasse zu tun. Alle Unklarheiten beseitigt? Na, dann kann's losgehen.

6. Checkliste zum Umgang mit Anlaufproblemen

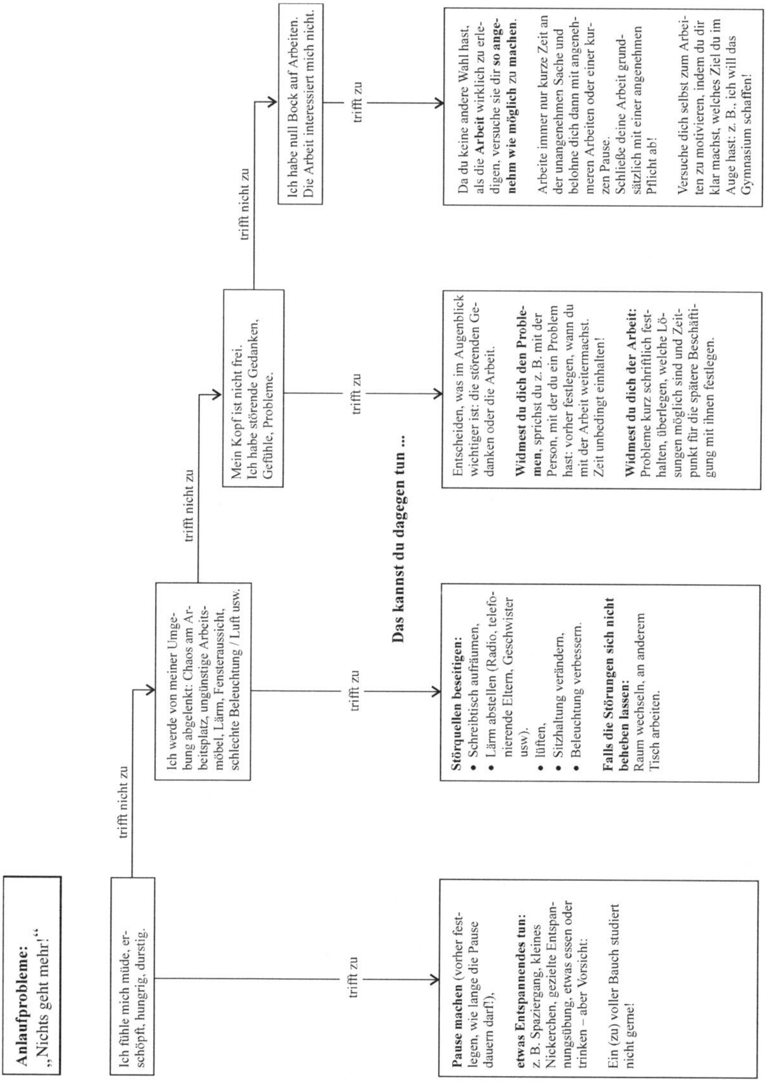

In Anlehnung an „Materialien: Studientechniken" der Zentralen Studienberatung der Universität Bielefeld.

Arbeitseinteilung –

Alles auf einmal geht nicht!

Anja wird es ganz flau im Magen, wenn sie daran denkt, was sie heute noch alles erledigen muss: Der Lateinlehrer hat für morgen einen Grammatiktest angekündigt. Hätte sie doch den Hausaufsatz schon gestern geschrieben – morgen wird er eingesammelt! Und übermorgen ist Mathe-Klassenarbeit. Nicht zu vergessen, die mündliche Hausaufgabe in Biologie! Wo soll ich bloß anfangen?

1. „Man darf nie an die ganze Straße auf einmal denken ...“: wenn der Stoffberg drückt

Bestimmt geht es dir auch manchmal so wie Anja. Du weißt gar nicht, wo du mit dem Lernen beginnen sollst, weil dir die Menge an zu bewältigendem Stoff wie ein unüberwindlicher Berg erscheint. Vielleicht hast du das Kinderbuch „Momo" von Michael Ende gelesen. Darin fragt Momo den Straßenkehrer Beppo, wie er es schafft, täglich die endlos lange Straße zu kehren. Er gibt ihr darauf zur Antwort: „Man darf nie an die ganze Straße auf einmal denken!" Beppos „Trick" ist ganz einfach: Er teilt sich die Straße in einzelne Abschnitte ein und kehrt sie Etappe für Etappe. In ähnliche Etappen solltest du dir deine Hausaufgaben einteilen oder den Stoff, den du zu lernen beabsichtigst.

- **Lernstoff in kleine Portionen unterteilen**

  Dazu schlägst du zunächst einmal dein Hausaufgabenheft auf und überlegst dir, welche Aufgaben du zu erledigen bzw. welchen Stoff du bis morgen zu lernen hast. **Teile** dir diesen **Stoff in kleine Portionen von etwa 15 bis maximal 30 Minuten Bearbeitungszeit ein.** Achtung, nimm dir nicht zu viel für den Tag vor! Du solltest insgesamt nicht länger als zwei Stunden täglich an deinen Hausaufgaben sitzen.

- **Lernstoffe abwechseln**

  Versuche die einzelnen **Lernportionen** dabei **so einzuteilen, dass möglichst verschiedenartige Aufgaben oder Lernstoffe aufeinander folgen.** Bei einem Menü isst du ja auch nicht dreimal dasselbe hintereinander, sondern bereitest deinem Gaumen durch verschiedene Speisen Abwechslung. Genauso solltest du beim Lernen verfahren: Erledige z. B. schriftliche und mündliche Aufgaben, sprachliche und naturwissenschaftliche Fächer stets im Wechsel. Auf diese Weise ermüdest du nicht so schnell und hast mehr Spaß am Arbeiten. Außerdem kommt es so nicht zu Verwechslungen zwischen Lernstoffen, die einander ähnlich sind (siehe S. 58 f.). Lernst du z. B. unmittelbar nach dem Einprägen lateinischer Vokabeln französische Wörter, wirst du sehr wahrscheinlich beide Sprachen durcheinander bringen.

- **Langsam steigern und mit angenehmer Tätigkeit aufhören**

  Du erinnerst dich, dass unser Gehirn eine Warmlaufphase benötigt (siehe S. 19). Deshalb ist es günstig, mit einer angenehmen, nicht zu schwierigen Hausaufgabe zu beginnen. Danach solltest du die **Schwierigkeit der Aufgaben langsam steigern,** so, wie du auch bei einer Erzählung auf den Höhepunkt hin arbeitest. Da unsere Aufmerksamkeit nach längerer Konzentration jedoch wieder abfällt, solltest du dich **gegen Ende der Hausaufgabenzeit wieder etwas weniger komplizierten Stoffen zuwenden. Beende deine Hausaufgaben stets mit einer für dich angenehmen Tätigkeit,** damit du die Lernsituation in einer positiven Erinnerung behältst.

- **Einzelne Lernportionen schriftlich festlegen**

  Halte jede Lernportion schriftlich am besten auf einem kleinen Zettel oder Kärtchen fest. Diese Zettel oder Kärtchen heftest du anschließend gut sichtbar und untereinander an deine Pinnwand oder Magnettafel. Du kannst sie natürlich auch nebeneinander aufhängen. Wichtig ist, dass du dir eine feste Reihenfolge vorgibst, nach der du die Lernportionen bearbeiten willst. Auf einem solchen Zettel steht dann z. B. „Latein: Vokabeln, Lektion 2“, „Mathe: Rechenbuch Seite 14, Nr. 3 und 4“ oder „Latein: Grammatik, Regel 1 und 2“. Wenn du eine Lernportion erledigt hast, darfst du den betreffenden Zettel von der Pinnwand oder Magnettafel nehmen und wegwerfen. So behältst du den Überblick darüber, was noch zu tun ist. Außerdem hast du jedesmal ein kleines Erfolgserlebnis, wenn du einen Zettel zerknüllen kannst und siehst wie die Zettelreihe zunehmend kürzer wird.

- **Mit dem Küchenwecker arbeiten**

  Wenn du Schwierigkeiten hast, die Lernzeit von 15 bis 30 Minuten einzuhalten, nimm einen Küchenwecker zu Hilfe. Den Wecker stellst du je nach vermuteter Arbeitszeit auf 15 oder 30 Minuten ein. Vielleicht ruft die Zeitbegrenzung durch schrilles Weckerklingeln anfangs bei dir unangenehme Erinnerungen an Tests oder Klassenarbeiten wach. Der Wecker soll dich jedoch nicht unter Druck setzen, sondern dir lediglich eine **Hilfe für die Einschätzung der Zeit** bieten, die du für eine Aufgabe brauchst. Bald wirst du so aufgrund deiner Erfahrung einschätzen lernen, wie schnell du bestimmte Aufgaben erledigen kannst.

  Hast du das Gefühl, dass du für manche Aufgaben zu lange brauchst, sprich erst einmal mit deinen Mitschülern darüber. Wenn die Mehrzahl von ihnen ebenso lange wie du an bestimmten Hausaufgaben sitzt, ist es höchste Zeit, mit der Lehrerin oder dem Lehrer darüber zu reden. Traust du dich nicht selbst, kann der Klassensprecher sich im Namen der Klasse mit diesem Problem an die Lehrkraft wenden. Denn manchmal schätzen auch Lehrer die Bearbeitungszeit einer Aufgabe falsch ein, und wenn keiner was sagt, haben sie keine Chance, dies zu erfahren.

2. Zeit sparen durch Wochenplanung

Damit du nicht in die Verlegenheit kommst, alles auf einmal, auf den letzten Drücker bearbeiten zu müssen, solltest du deine Wochenarbeitszeit im Voraus planen. Das mag abschreckend klingen – *Jetzt soll ich mir auch dafür noch Zeit nehmen, wo ich sowieso kaum welche habe!*

Es ist jedoch einfacher, als du denkst. Außerdem kannst du durch sinnvolle Planung eine Menge Zeit sparen.

Du kopierst dir dazu den Wochenplan im Anhang (siehe S. 111) oder besorgst dir einen ganz normalen Stundenplan (bekommst du meist kostenlos in Schreibwarengeschäften). Ausfüllen solltest du den Plan immer zu Beginn der Woche. Zunächst trägst du darin deine **festen Termine** wie z. B. Klavierunterricht, Fußballverein, Judo, Ballett, Kieferorthopäde ein. Nun siehst du genau, wie viel **Zeit** dir **für die Erledigung deiner Hausaufgaben** und natürlich für deine **unverplante Freizeit** bleibt. Hast du mehr als einen Tag für die Erledigung einer Hausaufgabe Zeit, schiebe sie nicht bis zum letzten Tag auf, besonders dann nicht, wenn es sich um Lernstoffe handelt, die du langfristig beherrschen willst, z. B. Vokabeln, Grammatikbegriffe, Regeln usw. Plane stets ausreichend Zeit für Wiederholungen ein.

Hier siehst du den Wochenarbeitsplan von Julian abgebildet:

Zeit	Montag	Dienstag	Mittwoch	Donnerstag	Freitag	Samstag
13.00						
13.30						
14.00	Englisch: Vokabeln	Deutsch: Grammatik		Deutsch: Kurzgesch.	Englisch: Text	
14.30	Mathe: Hausaufg.	Englisch: Vokabeln	Erdkunde: Hefteintrag	Mathe: Definitionen	Mathe: Hausaufg.	
15.00	Kieferorthopäde	Bio	Musik: Noten	Englisch: Übersetzen	Deutsch: Aufsatz	
15.30		Englisch: Grammatik	Judo	Bio		
16.00		Mathe		Fußball		
16.30			Deutsch: Lesen			
17.00	Erdkunde: Text					
17.30	Englisch: Vokabeln			Englisch: Vokabeln		
18.00						
18.30						

Zeichenerklärung:

- feste Termine
- Freizeit
- Zeit für Hausaufgaben

Am Montag beginnt Julian mit den Englischvokabeln, weil die am Mittwoch für die Klassenarbeit sitzen müssen. Dann bleibt ihm der Dienstag für eine kurze Wiederholung (siehe auch S. 62). Als Nächstes erledigt er die Mathe-Hausaufgaben. So kommt er rechtzeitig zum Kieferorthopäden, um die Zahnspange nachstellen zu lassen. Dort nützt er die Wartezeit, um schon einmal die Kurzgeschichte in Deutsch durchzulesen. Dann ist er nach dem Kieferorthopäden schneller mit der Beantwortung der Fragen zum Text fertig und kann früher seine Freizeit genießen. Die hat er sich dann aber auch verdient!

Wichtig bei der Erstellung eines Wochenplans ist, dass du die Arbeit über die Woche möglichst gleichmäßig verteilst. Aufgaben, die mehr Zeit als die übrigen beanspruchen, z. B. einen Aufsatz schreiben, brauchst du dann nicht auf einmal zu erledigen. Du kannst z. B. an einem Tag Ideen für den Aufsatz sammeln (siehe S. 69 ff.) und vielleicht schon einmal Stichpunkte festhalten. Eventuell fällt dir auch eine Einleitung ein. Am nächsten oder übernächsten Tag kannst du dich dann an die Ausarbeitung machen. Der Einstieg fällt dir auf diese Weise sicher leicht, weil du dir ja bereits überlegt hast, was du schreiben willst. Auch bei der Aneignung von Stoffen für eine Prüfung ist eine längerfristige Arbeitsplanung unbedingt notwendig. Bedenke aber: Der beste Plan nützt nichts, wenn er nicht eingehalten wird!

3. Klassenarbeiten vorbereiten

Kreuze bitte die für dich zutreffenden Aussagen an:	ja	nein
Unter Druck lerne ich am besten.	☐	☐
Ich lerne immer bis kurz vor einem Test oder einer Klassenarbeit.	☐	☐
Obwohl ich mich gründlich vorbereite, fällt mir das Gelernte während des Tests oft nicht mehr ein.	☐	☐
Ich beginne mindestens vier Tage vor einer Klassenarbeit mit dem Lernen.	☐	☐
Einen Tag vor der Klassenarbeit lerne ich häufig noch neuen Stoff für das betreffende Fach.	☐	☐

Wenn du mehr als zwei Fragen mit „Ja" beantwortet hast, gleicht dein Lernverhalten wahrscheinlich dem von Matthias:

Am Tag vor der Latein-Klassenarbeit brütet er oft vier oder mehr Stunden über seinen Büchern. Er versucht sich Grammatikregeln und Vokabeln einzutrichtern und Lernlücken, um die er sich geschickt herumgemogelt hat, noch schnell zu stopfen. In der Nacht marschiert ein Heer von unregelmäßigen Verben, Deklinationen, ACIs und NCIs in seinem Kopf auf. Während des Tests sind Regeln, die ihm gestern noch sonnenklar waren, oft wie weggeblasen. Auf dem Nachhauseweg fällt es ihm dann wie Schuppen von den Augen: Mensch, das hätte ich doch gewusst!

Warum bringen die Lernmarathons von Matthias nicht den gewünschten Erfolg? Stell dir einen leeren Kleiderschrank vor. Er stellt sozusagen deine Aufnahmebereitschaft für neuen Lernstoff dar. Darin bringst du deine gesamte Kleidung (= neuer Lernstoff) unter. Mäntel, Jacken, Hosen oder Kleider hängst du auf Bügeln an die Kleiderstange; T-Shirts, Pullover, Hemden, Blusen usw. legst du sauber zusammengefaltet ins Schrankfach. Anfangs ist dein Schrank übersichtlich und ordentlich – du findest alle gesuchten Kleidungsstücke rasch. Je mehr Kleidungsstücke du jedoch darin unterbringst, desto unübersichtlicher und voller wird er. Irgendwann gelingt es dir schließlich nicht mehr, noch irgendetwas hineinzustopfen. Erst wenn du alte Sachen (= früher gelernter Stoff) herausnimmst, schaffst du Platz für neue.

Genauso ist es, wenn wir lange Zeit ohne Unterbrechung lernen: **Im Notfall (!)** sind wir in der Lage, **zwei bis zweieinhalb Stunden neuen Lernstoff** aufzunehmen – dann spätestens ist der Schrank voll; deine Aufnahmebereitschaft für neue Lernstoffe ist erschöpft. Was wir danach lernen, behalten wir nicht mehr richtig – wegen der Unordnung im Schrank findest du deine Sachen nicht mehr ohne weiteres. Es kommt sogar noch schlimmer: Wenn wir ungeachtet dessen weiterlernen, wird bereits gelernter Stoff wieder verdrängt – um Platz für neue Sachen im Schrank zu schaffen, müssen alte hinausgeworfen werden.

Willst du Klassenarbeiten oder Tests optimal und nicht unter dem Druck der letzten Minute vorbereiten, halte dich an die folgenden Ratschläge:

- Termin der Arbeit im Kalender eintragen.
- Rechtzeitig, d. h. wenigstens vier Tage vorher, mit dem Lernen beginnen.
- Keinen dir neuen Stoff am Tag vor der Arbeit lernen.
- Am Tag vor der Arbeit nur gut bekannte Lernstoffe ohne Eile wiederholen.
- Mindestens eine halbe Stunde vor dem Zubettgehen nichts mehr tun, was mit der Arbeit zusammenhängt.

Und noch etwas: Lerne niemals blindlings drauflos, sondern überlege dir erst, welchen Stoff du für den Test oder die Klassenarbeit beherrschen musst. Fertige dazu eine Liste an, auf der du notierst, welche Stoffe du wiederholen musst. Kennzeichne Inhalte, die dir Verständnisschwierigkeiten bereiten, mit einem Ausrufezeichen. Sorge dafür, dass du dir hier Klarheit verschaffst. Hole dir notfalls Rat bei Klassenkameraden, Lehrern oder Personen, die den Stoff verstanden haben.

Stoffliste für Klassenarbeit in Mathe:

1. Multiplikation von Brüchen

a) Multiplikation eines Bruches mit einer natürlichen Zahl:

Regel: $c \cdot \frac{a}{b} = \frac{c \cdot a}{b}$

b.) Multiplikation zweier Brüche:

Regel: $\frac{a}{b} \cdot \frac{c}{d} = \frac{a \cdot c}{b \cdot d}$

2. Division von Brüchen

a.) Division eines Bruches mit einer natürlich Zahl:

Regel: $\frac{a}{b} : c = \frac{a}{b \cdot c}$

b.) Division zweier Brüche:

Regel: $\frac{\frac{a}{b}}{\frac{c}{d}} = \frac{a}{b} : \frac{c}{d} = \frac{a \cdot d}{b \cdot c}$

4. Was tun, wenn du vor Klassenarbeiten schlecht schläfst?

Hast du starke Nerven? Bringt dich so schnell nichts aus der Ruhe? Dann überfliegst du am besten diesen Abschnitt und liest beim nächsten weiter. Oder gehörst du eher zu den „Dünnhäutigen“, die sehr sensibel (das heißt empfindsam) auf Prüfungssituationen oder Druck reagieren? Solche Menschen können z. B. vor Klassenarbeiten manchmal aus lauter Aufregung nicht richtig schlafen. Am nächsten Morgen fühlen sie sich unausgeruht und gereizt und die Konzentration auf schwierige Stoffe fällt ihnen schwer. Doch dagegen lässt sich etwas tun:

- **Bereite dich rechtzeitig auf die Prüfungssituation vor!** (siehe S. 33)
  Wenn du zu Aufregung neigst, solltest du deine Unruhe nicht zusätzlich durch das Gefühl verstärken, schlecht vorbereitet zu sein. Die beste Vorbeugung gegen Nervosität ist immer noch das Wissen, alles Wichtige gelernt zu haben!
- **Beschäftige dich etwa zwei Stunden vor dem Schlafengehen nur noch mit angenehmen Dingen:** Nimm z. B. ein entspannendes Bad, höre deine Lieblingsmusik, lies ein schönes Buch (aber kein ängstigendes) und lerne keinesfalls mehr für die Klassenarbeit oder den Test.
- **Nimm vier bis sechs Stunden vor deiner Schlafenszeit keine aufputschenden Getränke mehr zu dir**, z. B. Schwarztee oder Cola. Beruhigend wirkt ein Glas mit lauwarmer Milch. Aber trinke nicht zu viel Flüssigkeit, damit du nicht nachts zur Toilette musst und dadurch wach wirst.

- **Setze dich selbst nicht unter den Druck, durchschlafen zu müssen.** Sicher ist es nicht angenehm, schlaflos zu liegen. Doch selbst, wenn du während der Nacht mehrmals aufwachen solltest, brauchst du noch lange keine Angst zu haben, dass dein Körper deshalb nicht die nötige Erholung erhält. Auch mit etwas weniger Schlaf sind wir in der Regel körperlich und geistig voll leistungsfähig. Lähmend wirkt vor allem unsere Angst, dass wir schlechte Leistungen erbringen könnten, weil wir glauben, nicht genügend geschlafen zu haben.

5. Mach mal Pause: Warum Pausen so wichtig sind

Bist du bereit zu einem kleinen Experiment? (Falls nicht, lies beim Abschnitt „Unbewusste Kurzpausen“ weiter.) Das Experiment dauert etwa 20 Minuten (inklusive einer zehnminütigen Pause).

Aufgaben

5. Du brauchst dazu einen Partner, eine Stoppuhr oder eine Armbanduhr mit Stoppfunktion, einen Bleistift und ein leeres Blatt (z. B. Löschblatt): Bitte deinen Partner, die Zeit zu stoppen. Bevor ihr mit dem Experiment beginnt, bitte deinen Partner, sich die Anweisungen zum Ablauf des Experiments genau durchzulesen. Habt Ihr alles? Dann kann's losgehen:

a) Du bekommst sieben Minuten Zeit zur Erledigung der folgenden Rechenaufgaben:

$3 \cdot 9 =$	$42 : 6 =$
$34 - 7 =$	$297 + 18 =$
$13 \cdot 4 =$	$3 \cdot 24 =$
$56 : 8 =$	$32 + 12 =$
$123 - 37 =$	$19 + 37 =$
$1\,005 + 218 =$	$418 + 356 =$
$64 : 8 =$	$98 - 79 =$
$6 \cdot 8 =$	$529 - 48 =$
$2\,015 - 38 =$	$12 \cdot 7 =$
$60 : 12 =$	$43 - 29 =$
$28 + 119 =$	$95 + 37 =$
$9 \cdot 8 =$	$748 + 427 =$
$47 - 19 =$	$25 - 18 =$

Stopp! Die sieben Minuten sind vorüber. Lege das Buch beiseite und mache zehn Minuten etwas ganz anderes.

b) Nach der Pause löst du die Rechenaufgaben des folgenden Blocks. Dein Partner gibt dir nach zwei Minuten ein weiteres Signal. Höre sofort mit dem Rechnen auf und verdecke die Aufgaben mit einem Blatt. Nach 30 Sekunden Pause arbeitest du weiter. Nach wiederum zwei Minuten gibt dir dein Partner ein erneutes Pausensignal. Du setzt wiederum 30 Sekunden mit dem Rechnen aus. Nicht vergessen, Aufgaben abdecken! Danach rechnest du weitere zwei Minuten.

$4 \cdot 8 =$	$45 : 9 =$
$57 - 9 =$	$582 + 21 =$
$14 \cdot 3 =$	$3 \cdot 16 =$
$315 - 28 =$	$11 + 44 =$
$3\,017 + 303 =$	$519 + 486 =$
$81 : 9 =$	$98 - 79 =$
$7 \cdot 8 =$	$613 - 27 =$
$1\,116 - 217 =$	$15 - 8 =$
$828 + 139 =$	$49 + 71 =$
$24 \cdot 4 =$	$37 - 9 =$
$17 + 19 =$	$27 : 9 =$
$938 + 138 =$	$42 : 7 =$
$13 \cdot 3 =$	$82 + 13 =$

Vergleiche nun die Lösungen beider Aufgabenblöcke a und b mit den richtigen Lösungen im Anhang (S. 109). Wie viele Aufgaben hast du jeweils richtig gelöst? Das Ergebnis wird dich verblüffen. Trotz kürzerer Bearbeitungszeit hast du beim zweiten Aufgabenblock höchstwahrscheinlich mehr Aufgaben richtig gelöst als beim ersten.

Sicher hast du beim Lernen schon des Öfteren die Erfahrung gemacht, dass du nicht immer hundertprozentig bei der Sache bist: Manchmal siehst du z. B. aus dem Fenster und beobachtest interessiert die Vorgänge auf der gegenüberliegenden Baustelle oder denkst an ein aufregendes Gespräch zurück. Solche **unbewussten Kurzpausen** treten von Zeit zu Zeit ganz automatisch ein und dauern etwa dreißig Sekunden. Unser Körper sorgt dadurch von selbst für Erholung und wirkt so einer Überlastung entgegen. Wenn wir uns schwierigen Stoff aneignen und hoch konzentriert arbeiten, verhindert unser Gehirn von Zeit zu Zeit die Aufnahme weiterer Informationen. Auf diese Weise kann es den aufgenommenen Stoff verarbeiten, ohne dass neu hinzukommender diesen Vorgang stören würde. Solche Kurzpausen sind also sehr wichtig.

Anders ist es, wenn wir einfache, monotone Aufgaben erledigen, die kein besonderes Nachdenken erfordern und stets nach demselben Muster funktionieren (z. B. das Umschreiben eines Textes in die Vergangenheit, einfache Einsetz- oder Rechenaufgaben wie die in unserem Experiment).
Das Gehirn schaltet hier nicht automatisch auf Pause. Die Folge ist: Unsere Konzentration lässt nach und Flüchtigkeitsfehler schleichen sich ein. Deshalb ist es sinnvoll, Pausen gezielt einzulegen.

Das Ergebnis des folgenden Experiments beweist eindrucksvoll: **Gezielt eingelegte Pausen verbessern die Leistung.**
- Schüler wurden gebeten, 30 Minuten lang einfache Rechenaufgaben zu lösen.
- Am zweiten Tag ließ man die Schüler nach 15 Minuten Arbeitszeit eine Pause von fünf Minuten machen.
- Am dritten Tag legten sie nach jeweils fünf Minuten eine kurze Pause von einer Minute ein.

Was glaubst du, unter welchen Bedingungen haben die Schüler wohl die wenigsten Fehler gemacht?
Am besten schnitten die Schüler ab, wenn man sie nach je fünf Minuten Arbeitszeit eine Pause von einer Minute machen ließ.

Deshalb gewöhne dir an, in regelmäßigen Abständen Pausen zu machen. Halte dich dabei an folgende Pausenzeiten:

- Nach 20 Minuten Arbeit eine Pause von 5 Minuten,
- nach 45 Minuten Arbeit eine Pause von 10 Minuten,
- nach 1 Stunde Arbeit eine Pause von 15 Minuten,
- nach 1 ½ Stunden Arbeit eine Pause von 30 Minuten.

Vielleicht befürchtest du, dass Lernen und Hausaufgaben noch viel mehr Zeit beanspruchen, wenn du obendrein noch Pausen machst. Lass dich beruhigen! Legst du Pausen ein, wirst du während deiner Arbeitszeit schneller und effektiver sein, sodass du diesen „Zeitverlust“ durch Pausen leicht wieder hereinholst. Vorausgesetzt natürlich, dass du die Pausenzeiten einhältst, auch wenn es gerade viel verlockender erscheint, das Schwätzchen mit den Geschwistern fortzusetzen oder dem Haustier noch eine Weile Kunststücke beizubringen.

6. Das Wichtigste auf einen Blick

- Unterteile den Lernstoff in überschaubare Portionen von ca. 15 bis maximal 30 Minuten.
- Berücksichtige die Warmlaufphase: Beginne mit einfachen, angenehmen Aufgaben.
- Steigere dann die Aufgabenschwierigkeit und wende dich gegen Ende der Hausaufgabenzeit wieder einfacheren Aufgaben zu.
- Beende deine Hausaufgaben und Lernaktivitäten stets mit einer angenehmen Aufgabe.
- Wechsle zwischen verschiedenartigen Lernstoffen ab.
- Lege nach jeder Lernportion eine gezielte Pause ein.
- Verteile deine Arbeit gleichmäßig über die Woche.
- Beginne rechtzeitig mit der Vorbereitung von Klassenarbeiten.

Lernen und Gedächtnis –
Ein Ausflug in die Gedächtnispsychologie

Was hast du heute vor genau zwei Wochen zu Mittag gegessen?

Wahrscheinlich kannst du diese Frage nicht ohne weiteres beantworten. Es sei denn, es handelte sich bei dem betreffenden Tag um einen ganz besonderen: z. B. deinen Geburtstag, an dem du dir deine Lieblingsspeise wünschen durftest. Dann hast du den herrlichen Geschmack frischer Dampfnudeln mit Vanillesoße vielleicht noch ganz deutlich auf der Zunge.

Normalerweise aber vergessen wir Ereignisse oder Informationen ganz schnell wieder, es sei denn sie sind für uns von besonderer Bedeutung oder wir prägen sie uns ganz bewusst und wiederholt ein. Diese Erfahrung hast du bestimmt auch schon beim Lernen gemacht. Wenn du mit Feuereifer bei der Sache bist und etwas rasend interessant findest, genügt oft schon einmaliges Lernen oder bloßes Zuhören. Auch nach langer Zeit wirst du dich noch an den betreffenden Stoff erinnern können. Er ist fest in deinem **Langzeitgedächtnis** verankert.
Leider geht es uns mit dem Gelernten meistens anders. Wir können uns vielleicht noch am selben Tag daran erinnern, aber am nächsten ist alles wie weggeblasen, obwohl wir uns alle Mühe gaben, uns den Stoff einzuprägen.
Dies hat mit der Arbeitsweise unseres Gedächtnisses zu tun. Die Natur hat es schlauerweise so eingerichtet, dass wir uns nicht alles langfristig merken, was wir wahrnehmen oder was uns im täglichen Leben widerfährt. Sonst wäre in unserem Kopf bald kein Platz mehr für wichtige Dinge.

1. Ein Hirn wie ein Sieb: von der Funktionsweise unseres Gedächtnisses

Um langfristig abgespeichert zu werden, also ins Langzeitgedächtnis zu gelangen, muss neuer Lernstoff verschiedene Eingangsstufen überwinden: die Schwelle zum **sensorischen Gedächtnis,** zum **Kurzzeitgedächtnis** und zum **Langzeitgedächtnis.**

Stell dir einen mächtigen König vor. Um in seine Privatgemächer **(das Langzeitgedächtnis)** zu gelangen, müssen seine Untergebenen (die Lernstoffe) erst durch zwei Vorzimmer.

Sobald der König wach und empfangsbereit ist, sammelt sich im ersten Vorzimmer **(dem sensorischen Gedächtnis)** täglich ein buntes Volksgemisch: Kaufleute, Weitgereiste mit Neuigkeiten aus aller Welt, Ärzte, Musiker, Tänzer und Tänzerinnen, Narren und andere, die dem König ihre Dienste und Unterhaltungskünste feilbieten wollen. Aber nur eine ausgewählte Gruppe von etwa sieben Personen erhält die Erlaubnis, das zweite Vorzimmer (das Kurzzeitgedächtnis) zu betreten. An dessen Tür wacht nämlich ein Minister des Königs streng darüber, dass nur solche Leute (Lernstoff) dort hineingelangen, die für den König wichtig oder von Bedeutung sein könnten. Um schließlich an ihr Ziel, eine Unterredung mit dem König, zu gelangen, müssen sie ein letztes Hindernis überwinden: An der Pforte zu seinen Privatgemächern (= Langzeitgedächtnis) entscheidet der König persönlich darüber, wer dort Zutritt erlangt. Normalerweise gelingt dies nur denjenigen Personen, die er vorher einer eingehenden Prüfung unterzogen hat. Dabei müssen sie sich wiederholt bekanntmachen (Wiederholung) und ausführlich von sich erzählen, bevor sie die Schwelle zu den Königsgemächern überschreiten dürfen. Es gibt allerdings Ausnahmen: Besonders ungewöhnlichen und herausragenden Persönlichkeiten gelingt es manchmal, schnurstracks und ohne Prüfung in die königlichen Gemächer vorzudringen.

Nehmen wir an, du bist selbst ein Minister des Königs. Alle unten abgebildeten Personen wollen zum König. Betrachte sie ein paar Sekunden lang und schließe dann das Buch. Warte nun fünf Minuten und notiere anschließend, was du dir gemerkt hast.

Am deutlichsten in Erinnerung geblieben ist dir vermutlich das Bild des Reporters, der an Stelle eines richtigen Mikrofons eine Banane in der Hand hält. Völlig unerwartete Dinge können wir uns nämlich am besten merken, ohne dass wir sie uns aufwendig einprägen müssen.

1. Vorzimmer: Sensorisches Gedächtnis

Du kannst dich von seiner Existenz durch ein kleines Experiment überzeugen:
- Schließe deine Augen,
- öffne sie dann kurz und
- schließe sie wieder.

Bei genauer Beobachtung wirst du Folgendes bemerkt haben: Das Bild, das du beim kurzen Öffnen deiner Augen wahrgenommen hast, z. B. einen Blumenstock auf deinem Fensterbrett, bleibt auch noch eine Weile bei geschlossenen Augen erhalten. Dafür ist unser **sensorisches Gedächtnis** verantwortlich. Es **speichert unsere Wahrnehmungen,** so wie sie an den Sinnesorganen ankommen, **Bruchteile von Sekunden über ihre tatsächliche Dauer hinaus.** So haben wir beim Lesen ein Wortbild noch im Kopf, während wir das nächste Wort ins Auge fassen. Ohne die Existenz unseres sensorischen Speichers wären wir z. B. gar nicht in der Lage, einen Satz, den wir gerade lesen, zu verstehen. Denn wir würden jedes mit unseren Augen erfasste Wortbild sofort wieder vergessen.
Das „Vorzimmer" des sensorischen Gedächtnisses ist sozusagen für alle Informationen oder Ereignisse offen, die auf uns einströmen (vorausgesetzt, wir sind wach und bei Bewusstsein). Fährst du z. B. mit dem Fahrrad, ist es lebenswichtig, dass du den Verkehr um dich herum genauestens wahrnimmst. Eine Flut von Wahrnehmungen musst du blitzschnell auf ihre Wichtigkeit hin untersuchen. Aber nur diejenigen, die für dein Tun gerade bedeutsam sind, werden weiterverarbeitet, d. h. sie gelangen ins Kurzzeitgedächtnis (zweites Vorzimmer) Unbedeutend und daher gleich wieder vergessen ist z. B. der blaue Pullover eines Passanten, während die rote Fahrradampel deine Aufmerksamkeit schon etwas länger in Anspruch nimmt.

2. Vorzimmer: Kurzzeitgedächtnis

Du stehst in einer Telefonzelle und schlägst im Telefonbuch die Nummer einer Freundin nach. Da du nichts zum Schreiben bei dir hast, prägst du dir die Nummer kurz ein. Als du wählen willst, wirst du unsanft unterbrochen: Ein Passant klopft an die Zellentür, da er es offenbar eilig hat. Während du ihm klar machen willst, dass du selbst erst die Telefonzelle betreten hast, wird der Anschluss in der benachbarten Zelle frei. Du wendest dich wieder dem Telefon zu. Bei dem Versuch, die Nummer erneut zu wählen, stellst du fest, dass sie dir entfallen ist.

Vielleicht hast du eine ähnliche Situation schon erlebt. Dass du dich nicht mehr an die eben noch gewusste Telefonnummer erinnern kannst, zeugt nicht von Zerstreutheit. Es zeigt vielmehr, wie dein **Kurzzeitgedächtnis** arbeitet. Es **speichert Informationen** nur **für einige Sekunden.** Seine Aufnahmefähigkeit ist begrenzt. Ungefähr sieben Elemente eines Lernstoffs (7 als würdig erachtete Persönlichkeiten), z. B. eine siebenstellige Telefonnummer, kannst du dir bei einmaligem Lesen kurzfristig merken. Wenn du die aufgenommene Information jedoch nicht bewusst, z. B. durch Nachsprechen, wiederholst, geht sie verloren, d. h. du kannst dich bereits nach wenigen Minuten nicht mehr an sie erinnern. Diese Erkenntnis ist für das schulische Lernen von besonderer Bedeutung. Wenn wir lernen, wollen wir den Lernstoff auch nach langer Zeit noch beherrschen. Mit anderen Worten: Wir möchten, dass er die Privatgemächer des Königs erreicht und dort einen bleibenden Eindruck hinterlässt.

Durch welche Tricks du dem Lernstoff seinen Weg ins Ziel Langzeitgedächtnis ebnen kannst, zeigen wir dir im folgenden Abschnitt.

2. Das Geheimnis der Gedächtniskünstler oder wie auch du einer werden kannst

Du erinnerst dich an das erste Vorzimmer unseres Langzeitgedächtnisses – das sensorische Gedächtnis. Informationen oder neuer Lernstoff gelangen nur hinein, wenn wir **wach und aufnahmebereit** sind. Wenn du neuen Stoff lernen willst, sorge also dafür, dass du ausgeruht bist und dringende Bedürfnisse wie Hunger oder Durst befriedigt hast. Natürlich nutzen die besten Voraussetzungen wenig, wenn du überhaupt kein Fünkchen Lust zum Lernen verspürst und dich hartnäckig dagegen sträubst.

1. Geheimnis: Sieben Einheiten nie überschreiten!

Versuch dir folgende Zahlenreihe zu merken: 1011175909051805. Bestimmt schaffst du dies erst nach mehreren Lerndurchgängen. Denn – du erinnerst dich – ins „Vorzimmer" des Kurzzeitgedächtnisses passen nämlich nicht mehr als etwa sieben Lerneinheiten. Dies können sieben Zahlen, sieben Buchstaben, sieben Wörter oder sieben neue Begriffe sein. Dabei dürfen die einzelnen Einheiten für sich genommen ruhig aus mehreren Bestandteilen zusammengesetzt sein (z. B. sieben Wörter aus insgesamt 36 Buchstaben). Mit einem Trick lässt sich die oben genannte Zahlenreihe daher mühelos einprägen. Es handelt sich dabei nämlich um die Lebensdaten des berühmten deutschen Dichters Friedrich Schiller. Du gruppierst die 16 Ziffern einfach zu sechs Einheiten: 10. 11. 1759–09. 05. 1805. Nun bist du in der Lage, sie sofort im Kurzzeitgedächtnis zu speichern.

2. Geheimnis: Mit allen Sinnen lernen

Mithilfe ihres Biologiebuchs hat Amelie versucht, sich Wuchs, Blattform und Früchte sieben verschiedener einheimischer Laubbäume einzuprägen. Aber in der folgenden Biologiestunde bringt sie doch wieder alles durcheinander. Amelies Vater macht am Wochenende mit ihr einen Waldspaziergang. Dabei sieht sich Amelie die verschiedenen Baumarten genau an: Sie befühlt deren unterschiedlich geraubte Rinde, riecht an ihren Blättern und Früchten (manche kann man sogar essen!) und sammelt sie. Nach dem Spaziergang kann sie verschiedene Laubbäume mühelos unterscheiden.

Das Beispiel zeigt: Am besten merken wir uns Dinge, die wir mit all unseren Sinnen erfahren haben. Wenn wir etwas nicht nur sehen und hören, sondern auch anfassen, riechen und schmecken können, steigt die Wahrscheinlichkeit, dass wir uns auch langfristig daran erinnern können. **Lernen mit mehreren Sinnen verbessert** also **das Behalten oder spätere Erinnern.**

Wir behalten:

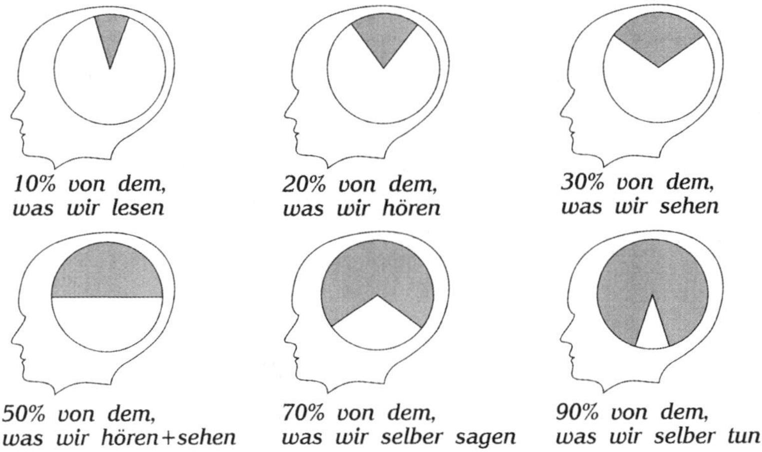

© Roland Spinola, 1992 – S. 90

3. Geheimnis: Kopfkino

Nun lassen sich viele Lernstoffe leider nicht anfassen, geschweige denn riechen oder schmecken. Hier setzt du einfach das **Kopfkino** in Gang: **Stelle dir alles, was du lernst, möglichst anschaulich und farbig wie in einem Film vor.** Vielleicht gelingt es dir dabei auch noch, Gerüche wahrzunehmen oder etwas zu schmecken. Diese Methode kannst du beim Lernen von Vokabeln, beim Einprägen von Texten, beim Auswendiglernen, ja selbst beim Aneignen von Formeln anwenden.
Auch wenn dir der Stoff trocken und völlig abstrakt – weder anfassbar noch vorstellbar – erscheint, funktioniert der Trick des Kopfkinos. Versuch dir möglichst farbig folgende Szene vorzustellen:

Zwei Herren gehen hintereinander in einer engen Gasse: Vorne geht Herr Punkt. Er ist unglaublich dick, kugelrund und klein. Herr Strich, spindeldürr und groß, geht hinter ihm. Herr Strich hat es eilig und würde Herrn Punkt gerne überholen, was aber aufgrund der engen Gasse nicht möglich ist.

Deshalb bleibt es dabei: **Punkt geht vor Strich.** Hast du den Zweck dieser kleinen Übung gleich erkannt? Du hast dir durch sie eine wichtige mathematische Regel eingeprägt: Punkt geht vor Strich. Wie du siehst, kommt es nicht drauf an, dass der Film in deinem Kopf besonders wirklichkeitsgetreu ist und sich tatsächlich so abspielen könnte. Im Gegenteil: Je ungewöhnlicher deine Phantasie das Drehbuch schreibt, desto leichter merkst du dir seine Geschichten.

4. Geheimnis: Wege-Technik

Mit diesem Trick halfen bereits die alten Griechen ihrem Gedächtnis auf die Sprünge. Schreibe schwierige Begriffe, Vokabeln oder Ähnliches auf selbstklebende Merkzettelchen. Diese heftest du anschließend an Stellen eurer Wohnung oder deines Zimmers, an denen du täglich mehrfach vorbeikommst, z. B. dein Bett, die Garderobe, den Wohnzimmertisch, die Couch, die Ablage im Bad usw. Immer wenn du an den betreffenden Orten vorübergehst, schaust du die Zettel kurz an. So verbinden sich bestimmte Orte mit bestimmten Begriffen. Gehst du später in Gedanken denselben Weg durch deine Wohnung, wirst du dich an die betreffenden Begriffe erinnern. Wenn du in dieser Technik ein Profi geworden bist, kannst du darauf verzichten, Zettel zu schreiben. Du deponierst die zu lernenden Begriffe lediglich in Gedanken an auffälligen Plätzen deiner Wohnung oder deines Schulwegs.

5. Geheimnis: Uralt aber wirkungsvoll – Eselsbrücken

Das „s" bei „das" muss einfach bleiben,
kannst du dafür „dieses" oder „welches" schreiben.

Mit solchen oder ähnlichen Merksprüchen (= Eselsbrücken) prägten sich schon die Eltern deiner Großeltern schwierige Dinge ein. Kurze Reime bleiben im Gedächtnis besonders gut haften. Angeblich geht die Bezeichnung „Eselsbrücke" auf einen Römer namens Plinius zurück. Er behauptete: Esel überschreiten eine Brücke nicht, wenn sie zwischen den Brettern (damals waren viele Brücken aus Holz) das Wasser sehen können. Die Moral von der Geschicht: Der Dumme, der es nicht besser weiß, bleibt also vor einer Schwierigkeit (= Brücke) stehen. Der Kluge gelangt hinüber mithilfe eines Merkspruchs (= Eselsbrücke). Eine Liste von Eselsbrücken für verschiedene Unterrichtsfächer findest du im Anhang auf S. 113 ff.

6. Geheimnis: Lernstoff ordnen

Schau dir die folgenden Bilder etwa fünf Sekunden lang an. Schließe dann das Buch und schreibe alle Dinge auf, an die du dich erinnern kannst. Lies anschließend den Text unter der Abbildung.

Wenn wir irgendwelchen beliebigen Eindrücken ausgesetzt werden, versucht unser Gehirn, diese zu ordnen. Bei sechs der dargestellten Bilder handelt es sich um Vögel. Dein Gehirn hat sie vermutlich automatisch zu einer Gruppe zusammengefasst. Deshalb konntest du dich an die Vögel bestimmt am besten erinnern. Übertragen auf das Lernen bedeutet dies: Weil uns das Lernen völlig zusammenhangsloser Stoffe sehr schwer fällt, sollten wir immer versuchen, irgendeine Verbindung zwischen diesen zu schaffen, z. B. einen gemeinsamen Oberbegriff (hier Oberbegriff „Vögel") finden, nach Form oder Farbe ordnen, einen Zusammenhang durch eine Geschichte herstellen, in der alle zu lernenden Begriffe vorkommen usw.

7. Geheimnis: Ungewöhnliches bleibt haften

Angenommen, du kannst dir die lateinische Bezeichnung für Verhältniswort (= Präposition) einfach nicht merken: Sammle zunächst Beispiele für Präpositionen: „in“, „an“, „auf“, „über“, „unter“, „neben“ usw. Greife dann eines dieser Beispiele heraus, hier die Präposition „in“. Diese verknüpfst du mit einem ungewöhnlichen Bild: Ein **In**der (sprich das Wort „Inder“ dabei unter deutlicher Betonung der ersten Silbe „In-“ laut vor dich hin) befindet sich in einer verrückten Position (Gedächtnisstütze für **Prä**-Position), nämlich auf dem Kopf stehend und die Beine im Lotussitz ineinander verschränkt haltend auf einem Nagelbrett. Da der schwierige Begriff „Präposition“ hier mit einem sehr ungewöhnlichen Bild verknüpft oder assoziiert wurde, wirst du ihn so schnell nicht wieder vergessen.

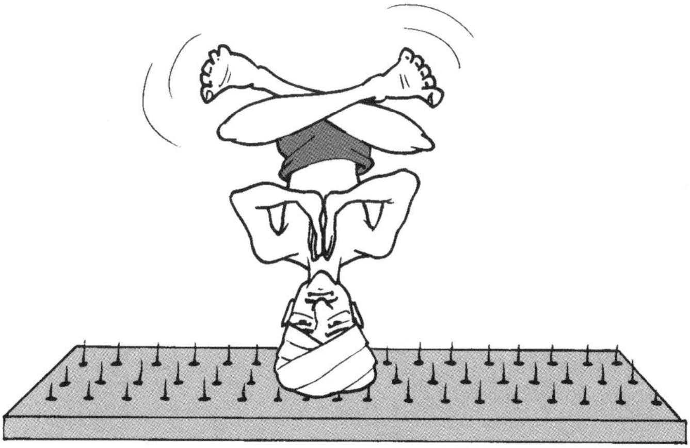

3. Das Wichtigste auf einen Blick

Manche Dinge speichern wir nur für Sekunden, andere ein Leben lang. Der Grund dafür: Es gibt verschiedene Gedächtnissysteme, die unsere Eindrücke unterschiedlich lange festhalten:

- **Das sensorische Gedächtnis:** Es behält unsere Sinneseindrücke für höchstens eine Sekunde. Wenn wir diesen keine besondere Aufmerksamkeit schenken, vergessen wir sie wieder.
- **Das Kurzzeitgedächtnis:** Nur einen winzigen Teil der Informationen, die unser sensorisches Gedächtnis aufnimmt, nehmen wir bewusst wahr. Etwa sieben einzelne Informationen oder Informationseinheiten gelangen in unser Kurzzeitgedächtnis und verbleiben dort für etwa 25 Sekunden.
- **Das Langzeitgedächtnis:** Es enthält alle Informationen, die wir uns durch gezielte Wiederholung auf lange Zeit eingeprägt haben. Eine Ausnahme davon bilden Lernstoffe, die besonders ungewöhnlich sind oder unsere Aufmerksamkeit in besonderem Maße erregen: Diese können wir manchmal bereits nach einmaligem Wahrnehmen oder Lernen für Monate oder gar Jahre behalten.
- Durch einfache Tricks können wir dazu beitragen, dass Lernstoffe schneller und dauerhaft hängenbleiben:
  Sieben Einheiten nie überschreiten
  Mit allen Sinnen lernen
  Kopfkino einschalten
  Wege-Technik anwenden
  Eselsbrücken benutzen
  Lernstoff ordnen
  Ungewöhnliche Verbindungen herstellen

Lernrezepte für jeden Stoff –
Manches ist leichter als man denkt

Donnerstag, 6. Stunde, Erdkunde: Sabrina studiert aufmerksam die unter ihrer Bank liegende Bravo. Stefan bohrt gedankenverloren in der Nase. Felix faltet Papierflieger. Nur Anne meldet sich fleißig. „Typisch Anne – die Streberin!" flüstert Max seinem Banknachbarn ins Ohr.

1. Lernen beginnt im Unterricht: Wenn alles schläft und einer spricht ...

... dann nennt man dieses Unterricht. So lautet ein viel zitierter Spruch. Zugegeben, nur wenige Lehrer verstehen es, ihren Unterricht so fesselnd zu gestalten, dass die Schüler immer ganz Ohr sind. Trotzdem solltest du dich bemühen, so viel wie möglich aus dem Unterricht für dich herauszuholen. Denn **was du bereits in der Schule an Stoff aufnimmst und kapierst, musst du dir zu Hause nicht mühsam aneignen.**

2. Unterrichtsmitschriften

Gewöhne es dir daher an, Unterrichtsmitschriften anzufertigen. *Was, noch mehr tun, als dem sowieso schon langweiligen Unterricht folgen?* Aber du wirst sehen, diese kleine Mühe lohnt sich. Zu Hause wirst du dich mithilfe deiner Notizen sehr viel besser an den Unterrichtsstoff erinnern und daher weniger Zeit fürs Lernen benötigen.

Für Unterrichtsmitschriften brauchst du Zettel, die aber nicht lose irgendwo im Schulranzen herumflattern dürfen. Am besten, du besorgst dir ein Ringbuch mit Einlagen. Die Mitschriften zu den verschiedenen Fächern ordnest du mithilfe von farbigen, beschrifteten Trennseiten (gibt es zu kaufen, kannst du aber auch selbst anfertigen).

Die Zeichen (= Symbole), die du in der Abbildung unten neben den einzelnen Punkten einer Unterrichtsmitschrift abgebildet siehst, sollen dir deine Aufzeichnungen erleichtern. Damit du nicht jedes Mal zeitraubend die Worte „Thema der Stunde“, „Ablauf“, „neuer Stoff“ usw. notieren musst, verwende anstelle der Worte Symbole.

- Datum und Fach der Stunde,
- Thema der Stunde – worum ging es in der Stunde →
- Stichpunkte zum Ablauf der Stunde – was wurde in der Stunde gemacht 🕘
- Neuer Stoff mit Beispielen (falls der Lehrer solche nicht ohnehin ins Heft schreiben lässt) 🕮
- Eigener Kommentar, z. B ein doppeltes Fragezeichen **??** als Symbol für *Habe ich überhaupt nicht verstanden!* oder Auge 👁 für *Zu Hause noch mal genauer anschauen!*

Eine Unterrichtsmitschrift im Fach Erdkunde könnte also so aussehen:

Erdkunde am 26.9.97

→ Orientierung im Gelände

1. Kurzarbeit

2. Methoden zur Bestimmung von Himmelsrichtungen

- Süden: mit der Armbanduhr
- Norden: mit Hilfe des Polarsterns
- Westen: mit der Wetterseite der Bäume
- Osten: Ausrichtung alter Kirchen

Wenn du Unterrichtsmitschriften anfertigst, bist du weniger gefährdet, auf Durchzug zu schalten, wenn du etwas nicht verstehst. Hast du z. B. die Ausführungen des Lehrers nicht kapiert, frage nach und bitte ihn um eine erneute Erklärung. Vielleicht hast du Bedenken, als der/die „Dumme" dazustehen, wenn du Fragen stellst. Wirf diese Befürchtung über Bord! Im Gegenteil: Wenn du Fragen stellst, sieht dein Lehrer, dass du interessiert mitarbeitest und um Verständnis bemüht bist. Außerdem werden es dir deine Mitschüler danken, weil du sicher nicht der/die Einzige bist, der/die etwas nicht verstanden hat. Oft trauen sich die anderen nicht nachzufragen. Macht einer den Anfang, traut sich auch der Rest der Klasse.

3. Verwirrung im Kopf durch ähnliche Lernstoffe

Man kann alle Leute einige Zeit
und einige Leute alle Zeit,
aber nicht alle Leute alle Zeit
zum Narren halten.

Fast könnte man glauben, der Schreiber dieses Vierzeilers wollte uns zum Narren halten. Abraham Lincoln, ein längst verstorbener amerikanischer Präsident (1808–1865), hat dieses kleine Gedicht geschrieben und es durchaus ernst gemeint. Obwohl es aus nur vier Zeilen besteht, haben wir Mühe, es uns einzuprägen. Sicherlich wirst du dazu mehrere Anläufe benötigen. Mit hoher Wahrscheinlichkeit wirst du das Gedicht einen Tag nach dem Auswendiglernen nicht mehr aufsagen können.
Das liegt an einer Erscheinung, die Wissenschaftler **Ähnlichkeitshemmung** nennen. Musst du innerhalb kurzer oder zur gleichen Zeit Informationen aufnehmen, die einander sehr ähneln, kann dein Gehirn sie nicht mehr klar voneinander trennen. Es verwechselt sie und sorgt für Verwirrung.

Auch in der täglichen Lernpraxis kann es zu Ähnlichkeitshemmungen kommen, z. B.:

- beim Lernen von Vokabeln, die einander ähneln,
- bei Rechtschreibkorrekturen, wenn du z. B. das falsche Wort einfach nur durchstreichst und das richtige darüber schreibst – dann nimmst du beide Schreibvarianten gleichzeitig wahr. Die Folge ist, du prägst dir beide ein und verwechselst sie. Besser ist es, die falsche Schreibung völlig unkenntlich zu machen (ausradieren, Tipp-Ex usw.),
- beim Erlernen von Rechtschreibregeln,
- beim gleichzeitigen Lernen mehrerer Geschichtszahlen, Zahlenreihen,
- beim Erlernen mathematischer Formeln, die sich gleichen,
- beim parallelen Lernen von Zeiten, deren Bildung sich z. B. nur durch einen Buchstaben unterscheidet (z. B. lateinisch: reliqui – 1. Pers. Perf. Aktiv „Ich habe verlassen“ und reli<u>n</u>qui – Infinitiv Perfekt Passiv „verlassen werden“; potero – 1. Pers. Futur I Aktiv, „ich werde können“ und pot<u>u</u>ero – 1. Pers. Futur II Aktiv, „ich werde gekonnt haben“).

Um gegen die Ähnlichkeitshemmung gefeit zu sein, solltest du dich an folgende Ratschläge halten:

- **Lerne ähnliche Stoffe niemals unmittelbar hintereinander!** Versuche das Lernen zeitlich auseinander zu legen, indem du etwas anderes dazwischen machst.
- Wenn möglich, lerne einen ähnlichen Stoff erst, wenn der zuerst gelernte festsitzt und du ihn sicher beherrschst!

4. Wie lerne ich Vokabeln richtig?

Nehmen wir an, du musst in Englisch folgende neue Vokabeln lernen:

budgie	Wellensittich
broken	gebrochen
in a mess	in Unordnung
terrible	schrecklich
wing	Flügel
bird seed	Vogelfutter
worm	Wurm
sand	Sand
fresh	frisch
bird-bath	Vogelbad
to fly off	davonfliegen
to find, found	finden
cage	Käfig
to fix	reparieren
mirror	Spiegel
mirror image	Spiegelbild
to stare at	(an)starren
to be glad to ...	froh sein zu ...
to call	nennen
domestic animal	Haustier

Du erinnerst dich sicher an das zweite „Vorzimmer" unseres Langzeitgedächtnisses, das Kurzzeitgedächtnis. Nur etwa sieben neue Informationen haben darin zur Weiterverarbeitung Platz. Daher:

- Bilde Bündel von jeweils ungefähr sechs bis höchstens sieben Wörtern.
- Lerne Bündel für Bündel!

In einer neuen Lektion kommen durchschnittlich etwa 30 neue Vokabeln vor. Manchmal sind es einige mehr, manchmal sind es weniger Wörter. Präge dir die neuen Vokabeln folgendermaßen ein: Lies den fremdsprachlichen Ausdruck und dessen deutsche Bezeichnung mehrmals hintereinander, etwa drei bis fünf Mal, laut! Achte dabei auf eine korrekte Aussprache! **Beschäftige dich nach dem Erlernen jeden Vokabelbündels ungefähr 20 Minuten mit etwas anderem!**

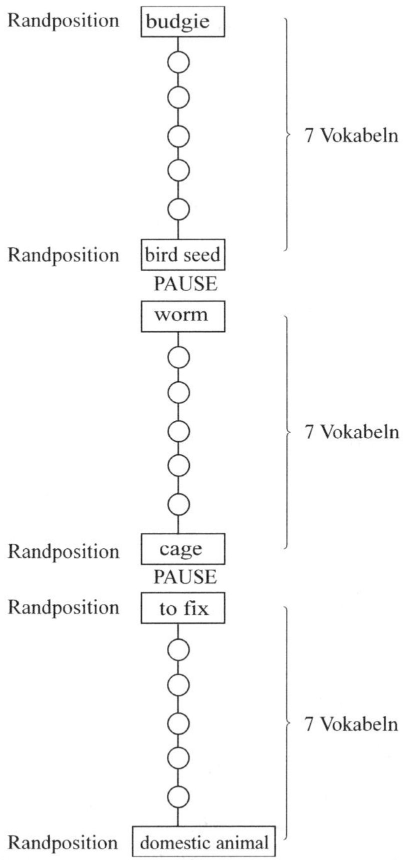

Mache z. B. eine kleine Pause, löse Aufgaben in Mathe, lies eine Geschichte, zeichne etwas – aber lerne auf keinen Fall Vokabeln einer anderen Fremdsprache! (siehe auch S. 58 f.) Denn diese Zeit benötigt dein Gehirn, um die aufgenommenen Informationen zu verarbeiten.
Das Aufteilen von Vokabeln in Siebenergruppen bietet noch einen weiteren wichtigen Vorteil: Wenn wir eine Reihe von Wörtern auswendig lernen, bleibt das erste und das letze Wort einer Reihe besonders gut im Gedächtnis haften. Man nennt dies **Reiheneffekt.** Bei den 21 Wörtern der abgebildeten Lektion sind es also bereits sechs Wörter, die du dir auf diese Weise leicht einprägst (siehe Abb.).
Diese Methode mag auf den ersten Blick zeitaufwendig erscheinen. Insgesamt aber wirst du durch sie Zeit sparen, da du dir die Wörter schneller merken kannst.

Arbeite beim Erlernen der neuen Vokabeln möglichst mit vielen Sinnes- oder Wahrnehmungskanälen (Lesen, Anfassen, Anschauen, Schmecken, Riechen, Hören). **Befindet sich der Gegenstand, dessen neue Bezeichnung du dir einprägen musst, in deinem Zimmer, fasse ihn an, während du das Wort laut vor dich hin sprichst.** Sieh ihn genau an, vergegenwärtige dir seine Form, Farbe und evtl. auch seinen Geruch.
Hast du nicht die Möglichkeit, den betreffenden Gegenstand wirklich zu sehen oder zu „be-greifen", setze das Kopfkino ein (siehe S. 50). Stell dir den Inhalt der neuen Vokabel möglichst lebhaft vor. Unterstütze dies, wenn möglich, durch deine Mimik und Gestik. Bilde Sätze, in welchen das Wort vorkommt.

Hast du alle Vokabeln der Lektion auf die beschriebene Weise gelernt, musst du sie wiederholen. Durch **mehrfache Wiederholung** prägen sich Lernstoffe in unserem Langzeitgedächtnis ein. Gedächtnisforscher haben festgestellt: Das meiste von dem, was wir lernen, vergessen wir bereits am ersten Tag! Daher kommt es auf die **Wiederholung zur rechten Zeit** an. **Du solltest wiederholen:**
- am Abend des gleichen Tages,
- nach 1 Tag,
- nach 1 Woche,
- nach 4 Wochen,
- nach 6 Monaten.

Vokabeln, die du bei der ersten Gesamtwiederholung nicht mehr weißt, kennzeichnest du im Buch mit einem Bleistiftpunkt. Auf diese Wörter solltest du bei den weiteren Wiederholungen dein besonderes Augenmerk legen. Notiere sie dir auf einen Extrazettel bzw. auf Karteikärtchen. **Erst wenn du dich nach vier Wochen noch fehlerfrei erinnern kannst, darfst du die Markierung im Buch ausradieren.**

Heute ist Matthias mit einem mündlichen Vokabeltest dran. Alle Augen sind auf ihn gerichtet, als der Lateinlehrer vergeblich auf die Übersetzung des Wortes „edificium" wartet. Das Wort fällt Matthias einfach nicht mehr ein. Dabei weiß er noch genau: Es war das Wort in der dritten Zeile von Lektion 3.

Vielleicht ist es dir schon ähnlich ergangen. Du konntest dich zwar daran erinnern, wo das Wort im Buch stand, nicht aber an seine Bedeutung. Das rührt meist daher, dass du die Wörter immer in der Reihenfolge des Buches wiederholt hast.

- Präge dir die Wörter in verschiedener Reihenfolge ein! Lass dich dazu am besten von jemandem abfragen. Wenn du mit einer Wortkartei arbeitest, kannst du die Reihenfolge von Zeit zu Zeit durch Mischen verändern. Decke beim Lernen aus dem Buch einmal die fremdsprachlichen Begriffe und einmal die muttersprachlichen Begriffe ab. Lerne also, Worte hin und her zu übersetzen.
- Berücksichtige die Veränderung eines Wortes im Satz! In den meisten Sprachen (z. B. im Lateinischen oder Französischen) verändern Substantive (Namenwörter) ihre Endung, je nachdem in welchem Kasus (Fall) sie im Satz gebraucht werden. Daher solltest du dir nicht nur den Nominativ (1. Fall) des Wortes, sondern auch alle anderen Fälle einprägen. Lässt du dich abfragen, sollte dein Partner dich nach den verschiedenen Deklinationsformen (Beugungsformen) fragen. Auch bei Verben (Zeitwörtern) ist es wichtig, nicht nur deren Infinitiv (Grundform) zu kennen. Vergegenwärtige dir beim Lernen daher stets die verschiedenen Personalformen (ich, du, er, sie, es, wir, ...) sowie die Endungen der verschiedenen Zeiten.

5. Techniken für Experimentierfreudige

Immer dabei – Vokabelkartei

Das Übertragen von Vokabeln auf Karteikarten kostet zwar ein wenig Mühe, aber dieser Aufwand lohnt sich. Eine Vokabelkartei bietet viele Vorteile:

- Durch das Abschreiben der Vokabeln prägst du dir deren Schreibung ein – dies ist besonders wichtig bei Fremdsprachen, deren Wörter anders geschrieben als gesprochen werden (z. B. Englisch, Französisch).
- Die Karteikarten mit schwer zu merkenden Wörtern kannst du herausnehmen und ganz gezielt wiederholen.
- Karteikarten kannst du überallhin unauffällig mitnehmen. So kannst du z. B. Wartezeiten auf den Bus dazu nützen, um schwierige Vokabeln zu wiederholen.
- Die Karteikarten lassen sich für Vokabelspiele verwenden (siehe S. 66 ff.).

Der Lernforscher Sebastian Leitner hat diese geniale Methode des Vokabellernens erfunden. Du benötigst dazu einen Karteikasten mit fünf unterschiedlich großen Fächern. Diesen kannst du entweder kaufen oder selbst basteln (eine Bastelanleitung findest du im Anhang auf S. 112). Außerdem brauchst du Karteikärtchen vom Format DIN A7 (im Schreibwarengeschäft erhältlich).

- Du beginnst mit der Beschriftung der Kärtchen: Auf die Vorderseite schreibst du den fremdsprachigen Ausdruck, auf die Rückseite die deutsche Bezeichnung. Auf diese Weise beschriftest du etwa 30 bis 40 Karteikarten (dies entspricht etwa der Menge an Vokabeln einer neuen Lektion) und steckst sie in das erste Fach deines Karteikastens. Achte darauf, dass die fremdsprachige Seite der Karteikarten jeweils dir zugewandt ist.
- Nun gehst du alle Kärtchen des Faches 1 der Reihe nach durch. Lies den fremdsprachigen Ausdruck und versuche dich an seine deutsche Bedeutung zu erinnern. Fällt sie dir innerhalb von zwei bis drei Sekunden ein, darfst du die betreffende Karte ins Fach 2 stecken. Falls nicht, wandert die Karte mit dem nicht gewussten Wort ans Ende des Kartenstapels in Fach 1. Alle Vokabeln, an die du dich noch vom Abschreiben her erinnerst, wandern auf diese Weise ins Fach 2.

- Im nächsten Schritt knöpfst du dir erneut das erste Fach vor: Die gewussten Vokabeln kommen ins Fach 2, die nicht gewussten ans Ende des Kartenstapels im ersten Fach. Diesen Vorgang wiederholst du so lange, bis in Fach 1 keine Kärtchen mehr sind.
- Mit den Wörtern weiterer Lektionen verfährst du in derselben Weise. Mit der Zeit füllt sich so das Fach 2 deines Karteikastens. Um Platz für weitere Vokabelkärtchen in Zelle 2 zu schaffen, entnimmst du daraus einen etwa daumenbreiten Stapel. Die gewussten Wörter der Zelle 2 wandern weiter ins Fach 3, die nicht beherrschten kehren zurück ans Ende des Kartenstapels in Fach 1. So prägst du dir hartnäckige Vokabeln erneut ein.
- Wird auch der Platz in Fach 3 knapp, entnimmst du wiederum einen daumenbreiten Stapel und lässt die gewussten Vokabeln eine Zelle weiterrücken (Fach 4). Auf ähnliche Weise füllt sich das letzte Fach deiner Vokabelkartei. Wenn du dort wieder Platz benötigst, kannst du diejenigen Wörter, die du beherrschst, bedenkenlos herausnehmen. Sie sind durch die gezielte Wiederholung sicher in deinem Langzeitgedächtnis gepeichert.

Auch wenn sich diese Anleitung beim ersten Lesen ein wenig kompliziert anhört, wirst du bald bestätigen: Die Handhabung der Vokabelkartei ist ganz einfach. Ihr entscheidender Vorteil liegt darin, dass du nur solche Wörter mehrfach wiederholen musst, die noch nicht sitzen.

6. Vokabeln spielerisch erlernen

Vokabeln Lernen muss nicht trocken sein! Man kann die Pflicht mit dem Vergnügen verbinden und einen Vokabel-Spielnachmittag organisieren. Dazu lädst du Mitschüler oder Freunde ein. Viel Spaß mit den folgenden Spielen! Sicher fallen dir noch weitere ein.

Vokabeln Raten (für zwei oder mehr Spieler)

- **Was ihr dazu braucht:** Kärtchen aus der Vokabelkartei mit Bezeichnungen von Substantiven; Tesafilm oder doppelseitiges Klebeband.
- **Wie's funktioniert:** Jeder Spieler sucht sich eine Substantiv-Karte aus der Vokabelkartei. Achtung! Die Karten müssen verdeckt gehalten werden. Anschließend heftet jeder die ausgewählte Karte einem Mitspieler an die Stirn. Aufgabe ist es, durch geschicktes Fragen herauszufinden, welches Substantiv man auf der Stirn trägt. Jeder tut dabei so, als wäre er selbst der Gegenstand auf der Karte. Alle Spieler sitzen im Kreis. Der Beginnende stellt seinem linken Nachbarn Fragen, die mit „ja" oder „nein" beantwortet werden können. Handelt es sich um Englischvokabeln, könnte er z. B. fragen: Am I an animal? Am I bigger than a cat? Bekommt er ein Nein zur Antwort, ist der links von ihm sitzende Spieler an der Reihe. Dieser befragt wiederum seinen linken Nachbarn, bis seine Frage verneint wird usw.

Wortfeld-Geschichten für große Gruppen
(mindestens acht, besser mehr Spieler)

Dieses Spiel eignet sich vorzüglich zum Einprägen von Vokabeln verschiedener Wortfelder, das sind Vokabeln, die sich unter einem bestimmten Oberbegriff zusammenfassen lassen.

- **Was ihr dazu braucht:** Karten mit Bezeichnungen, die zum betreffenden Wortfeld gehören (z. B. englische Bezeichnungen für Kleidungs- und Schmuckstücke, Bezeichnungen für Personen, die miteinander verwandt sind usw.); Kreis mit Stühlen – einen Stuhl weniger als die Anzahl der Mitspieler.
- **Wie's funktioniert:** Einer aus der Runde wird zum Spielleiter ernannt. Dieser sucht aus der Vokabelkartei eine Reihe von Begriffen heraus, die unter einem Oberbegriff zusammengefasst werden können (z. B. bei englischen Vokabeln: Oberbegriff: clothes (= Kleidungsstücke), Wortfeld: sock (= Socke), rain-coat (= Regenmantel), shoestring (= Schnürsenkel), hood (= Kapuze), scarf (= Schal)). Der Spielleiter wählt zunächst halb so viele Begriffe wie die Anzahl der Mitspieler. Von jedem Begriffskärtchen wird mindestens eine Kopie angefertigt (bei vielen Spielern besser mehrere, aber stets eine gerade Anzahl (!) von Kopien anfertigen). Diese Begriffe werden laut vorgelesen, sodass jeder Mitspieler die ausgewählten Vokabeln kennt. Jeder Spieler zieht dann aus dem Stapel der ausgewählten Wörter verdeckt eine Karte. Auf diese Weise erhalten mindestens jeweils zwei Personen eine Karte mit demselben Begriff. Alle Spieler bis auf einen nehmen auf ihren im Kreis angeordneten Stühlen Platz. Dieser steht in der Mitte des Kreises. Er hat die Aufgabe, eine Geschichte zu erzählen, in der die zuvor vereinbarten Begriffe vorkommen. Jedes Mal, wenn der Erzähler einen dieser Begriffe erwähnt, müssen die Spieler mit der entsprechenden Karte blitzschnell ihren Platz wechseln. Nennt er den Oberbegriff zu den ausgewählten Vokabeln (im oben angeführten Beispiel „clothes" (= Kleidung)), wechseln **alle** Spieler ihren Platz. Während des Platzwechselns versucht der Erzähler ebenfalls, einen Stuhl zu ergattern. Gelingt ihm dies, muss derjenige Spieler in die Mitte, der beim Platzwechseln keinen Stuhl erwischt hat. Er übernimmt nun die Rolle des Erzählers und führt die Geschichte an der zuvor unterbrochenen Stelle fort usw.

Vokabel-Pantomime (mindestens vier Mitspieler)

- **Was ihr dazu braucht:** doppelt so viele Substantiv-Karten wie die Anzahl der Spieler.
- **Wie's funktioniert:** Ihr bildet zwei gleich große Gruppen. Für jeden Mitspieler der gegnerischen Mannschaft sucht das Team jeweils einen Begriff aus der Vokabelkartei und übergibt ihm diesen verdeckt. Auf diese Weise erhält jeder Spieler einen Begriff von der gegnerischen Mannschaft, den er vor seiner eigenen Gruppe pantomimisch, d. h. ohne Worte und Geräusche, darstellen muss. Sieger ist diejenige Mannschaft, welche die meisten Begriffe errät.

Vokabel-Kombi (für zwei oder mehr Spieler)

- **Was ihr dazu braucht:** elf Substantiv- und acht Verbkarten aus der Vokabelkartei (oder mehr, wobei es stets drei Substantive mehr als Verben sein sollten); zwei verschiedenfarbige Spielfiguren (Steine o. Ä.); Würfel.
- **Wie's funktioniert:** Die Vokabelkärtchen werden in Form zweier Kreise ausgelegt. In den Außenkreis kommen die elf Substantivkarten, die acht Verbkarten liegen im Innenkreis. Die beiden Spielfiguren werden auf zwei beliebige Karten des Innen- und Außenkreises gesetzt. Der erste Spieler zieht mit den beiden Spielfiguren jeweils entsprechend der gewürfelten Augenzahl. Auf diese Weise ergibt sich stets eine Kombination aus einem Substantiv und einem Verb. Der Spieler hat die Aufgabe, aus dieser Kombination einen Satz in der betreffenden Fremdsprache zu bilden. Dabei bestimmt die Anzahl der gewürfelten Augen im Innenkreis gleichzeitig die Person, in der das Verb zu stehen hat:
  Augenzahl 1: 1. Person Singular
  Augenzahl 2: 2. Person Singular
  Augenzahl 3: 3. Person Singular
  Augenzahl 4: 1. Person Plural
  Augenzahl 5: 2. Person Plural
  Augenzahl 6: 3. Person Plural
  Die Zeit, in der das Verb stehen soll, wird entweder vorher vereinbart oder durch entsprechende Zusatzkarten festgelegt.

7. „Hilfe, mir fällt nichts ein“: Ideen für Aufsätze sammeln

Dörte hat sich vorgenommen, ihrer Großmutter zum Geburtstag ein ganz besonders tolles Bild zu malen. Sonst legt sie oft locker los, ohne sich viel Gedanken zu machen, aber ausgerechnet jetzt will ihr das Bild nicht gelingen.

Oft geht es uns ähnlich, wenn wir unter dem Druck stehen, einen guten Aufsatz schreiben zu wollen oder zu müssen, weil unsere Deutschnote auf dem Spiel steht. Das Hirn ist wie vernagelt und alle Ideen verflüchtigen sich sofort wieder. Was tun?
Versuche dich zu entspannen. Höre, wenn du magst, deine Lieblingsmusik. Auf keinen Fall solltest du dich selbst unter Druck setzen mit Ideenkillern wie *In spätestens zwei Stunden muss der Aufsatz stehen, Ich war noch nie ein guter Aufsatz-Schreiber, Mir fällt ja sowieso nichts Gescheites ein* usw. Schiebe solche Negativ-Gedanken entschieden beiseite! Auch Profi-Schreiber, z. B. Journalisten oder Buch-Autoren, sind nicht immer geist- und einfallsreich. Sie holen sich Anregungen z. B. in anderen Büchern oder Zeitschriften oder im Gespräch mit anderen Menschen. Nütze auch du diese Quellen:

- Interviewe Eltern, Geschwister, Freunde, Nachbarn usw.; wenn dir selbst nichts einfällt, ziehe das Lexikon zu Rate.
- Schiebe einen Aufsatz nie bis auf den letzten Drücker hinaus!
- Beginne so früh wie möglich mit der Ideensammlung.
- Schreibe nicht einfach drauflos! Sammle erst, was dir zum Aufsatzthema einfällt.
- Mache nach dem Erstellen deiner Stoffsammlung eine Pause, dein Gehirn beschäftigt sich automatisch weiter mit dem Stoff. Ideen müssen reifen wie Kastanien. Erst wenn die stachlige Schale abspringt, kommt der glänzende Ideenkern zum Vorschein. Dies kann oft unerwartet und plötzlich der Fall sein, z. B. wenn du gerade auf dem stillen Örtchen bist oder spazieren gehst.

Im riesigen Speicher des Gehirns stöbern: Ideen sammeln

Dein Gehirn gleicht einem geheimnisvollen alten Dachboden. Manche Dinge sind dort in sauber beschrifteten Kartons verstaut und du findest sie sofort. Andere spannende Raritäten kannst du in entlegenen und schwer zugänglichen Winkeln des Speichers aufstöbern. Da findest du eine alte Kasperlpuppe, die du

längst vergessen hattest. Bei dieser Gelegenheit fällt dir ein: Es muss dazu noch irgendwo ein Kasperltheater geben.
Ähnlich ist es mit deinen Ideen: Eine Idee ergibt sich aus der anderen und kann dich in anfangs schwer zugängliche Winkel deines Gehirns leiten. Man nennt diesen Vorgang Assoziation. Daher ist es wichtig, dass du deine Ideen ungehindert kommen lässt. **Halte alle Ideen fest,** auch wenn du noch nicht sicher bist, ob sie tatsächlich brauchbar sind! Wichtig ist, dass dein Gedankenfluss in Gang kommt und ungehindert fließen darf. Es gibt verschiedene Möglichkeiten, dies zu tun:

Die Kärtchen- oder Zettelmethode

Jeden Gedanken, der dir zu deinem Aufsatzthema einfällt, schreibst du stichpunktartig auf ein **extra** Kärtchen. Es ist wichtig, eine neue Idee immer auf ein neues Kärtchen zu schreiben, denn
- die Kärtchen lassen sich, wenn du mit dem Ideen-Stöbern fertig bist, in eine endgültige Ordnung bringen,
- du kannst unbrauchbare Ideen aussortieren,
- die Kärtchen geben dir später beim Schreiben eine feste Reihenfolge vor. Auf diese Weise vergisst du nichts.

Die Ideen-Landkarte (engl.: mind-map)

Eine andere Möglichkeit, Ideen zu sammeln, ist die Ideen-Landkarte. Dabei notierst du alle Ideen auf einem großen Blatt Papier:
- In der Mitte steht in einem Kästchen das Thema des Aufsatzes.
- Davon gehen große Äste ab, die in Kästchen für wichtige Unterpunkte münden.
- Von den Unterpunkten gehen wieder kleinere Äste ab: Gedanken zu den Unterpunkten.
- Durch noch kleinere Äste kannst du weiterhin Unterpunkte zu den Unterpunkten festhalten usw.

Wie eine solche Ideen-Landkarte konkret aussehen könnte, zeigen wir dir anhand eines Sachaufsatzthemas:

Das abgebildete Tier wurde erst vor kurzem entdeckt. Verfasse einen Beitrag für ein Sachbuch, in dem dieses Tier möglichst genau beschrieben wird! Erfinde für das Tier einen Namen, der auch die Überschrift deines Aufsatzes bildet!

Eine Ideen-Landkarte zu diesem Aufsatzthema könnte also folgendermaßen aussehen:

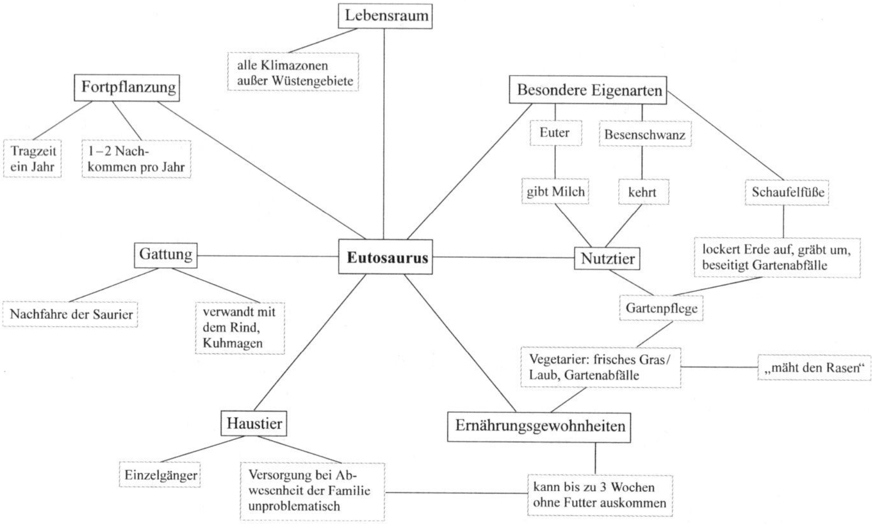

Mit der Sammlung von Ideen für den Aufsatz ist zwar ein wichtiger Schritt getan, aber anschließend muss die Stoffsammlung in eine entsprechende Form gebracht werden. Grundsätzlich besteht jeder Aufsatz aus den drei Teilen Einleitung, Hauptteil und Schluss. Hast du spezielle Fragen zu Aufbau oder Erzählstil verschiedener Aufsatzformen, kannst du dir wertvolle Hilfen in den Trainingsbänden des Stark Verlages holen, z. B. „Deutsch Training, Aufsatz 5./6. Klasse“ oder „Deutsch Training, Aufsatz 7./8. Klasse“.

8. Texte verstehen und behalten

Seite 56 im Buch, Abschnitt 1 und 2, durchlesen, so lautet Anjas Hausaufgabe in Biologie. Am Abend vor der Biostunde liest sie den Text sorgfältig durch – Biologie ist ihr Lieblingsfach. Doch der Biologielehrer ist am folgenden Tag nicht mit Anjas Antworten zufrieden. Seine Fragen zum Text kann sie nicht beantworten, obwohl sie den Text aufmerksam und mit Interesse gelesen hat.

Sicher ist es dir schon ähnlich ergangen wie Anja. Obwohl du dich bemüht hast, dir einen Text beim Lesen einzuprägen, konntest du dich später nur noch dunkel an seinen Inhalt erinnern. Um einen Text zu verstehen **und** zu behalten, genügt es leider meistens nicht, ihn einfach nur durchzulesen, besonders dann, wenn es sich um einen schwierigen Text wie den in Anjas Biologiebuch handelt.

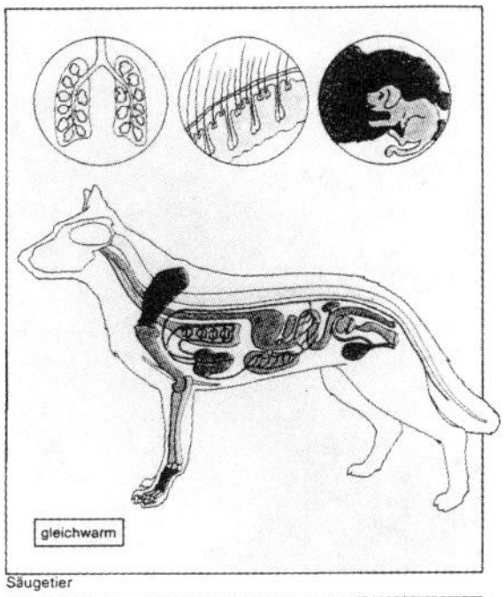

Säugetier

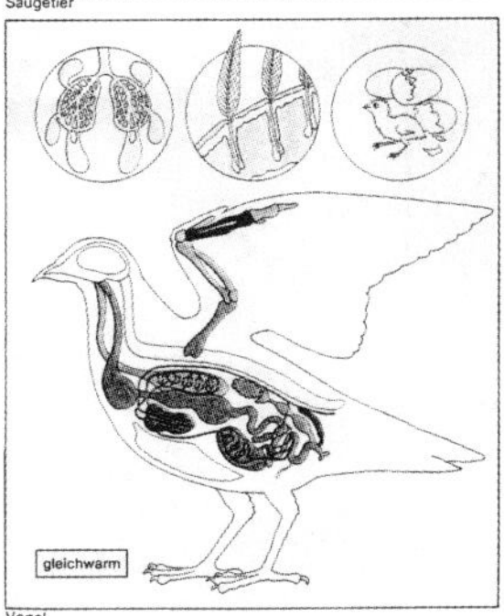

Vögel

2.14 Baupläne der Wirbeltiere

Abbildung 1 auf dieser Seite zeigt uns einen *Bauplan* der Säugetiere. Doch was bedeutet das: „Bauplan der Säugetiere?" Ein Bauplan für ein Haus oder ein Auto, das ist klar, aber für ein Lebewesen?
Natürlich kann man kein Lebewesen bauen, aber wir können untersuchen, nach welchen Gesetzmäßigkeiten es aufgebaut und wie es ausgestattet ist. Dann läßt sich, gewissermaßen nachträglich, ein Bauplan einzeichnen. Greifen wir uns jetzt einmal die Merkmale heraus, die bei allen **Säugetieren** gleich sind: Da ist zunächst einmal das *Gebären* von Jungen und das *Säugen*. Alle weiblichen Tiere besitzen deshalb Milchdrüsen. Die Haut ist mit Haaren versehen, die zur Wärmeisolation dienen. Daraus ergibt sich ein weiteres Merkmal, das man allerdings nicht einzeichnen kann: Alle Säugetiere sind *gleichwarme Tiere*. Die Atmung erfolgt über Lungen. Alle Säuger besitzen eine Wirbelsäule, vier Gliedmaßen und einen Schädel. Sie haben Sinnesorgane und ein Gehirn mit daran anschließendem Rückenmark. Ein vierkammeriges Herz und ein getrennter Körper- und Lungenblutkreislauf sind ebenso vorhanden wie Nieren und das Magen-Darm-System. Schließlich dürfen auch die Muskeln nicht vergessen werden. Damit sind alle Einzelheiten, die in eine Bauplanzeichnung hineingehören, aufgezählt.

Genauso wie für die Säugetiere läßt sich auch ein Bauplan für die **Vögel** erstellen (▸ 56.2). Dabei fällt auf, daß einige Merkmale bei beiden Bauplänen vorkommen: z. B. Lungenatmung, Wirbelsäule und Nervensystem; außerdem sind Vögel ebenfalls gleichwarme Lebewesen mit vierkammerigen Herzen und zwei getrennten Blutkreisläufen.
Trotzdem gibt es auch Unterschiede: Vögel legen *Eier* und besitzen *Federn*, aber keine Haare. Dadurch sind Vögel und Säuger leicht voneinander zu unterscheiden. 56

Wege in die Biologie 1 b. Regionalausgabe für Bayerische Gymnasien, 6. Jahrgangsstufe. Stuttgart 1988.

Darum verraten wir dir nun ein paar Kniffe, mit deren Hilfe du dir auch komplizierte Texte einprägen kannst:

- **Sich einen groben Überblick verschaffen**

  Stell dir vor, du steigst am Hauptbahnhof einer dir unbekannten Großstadt aus dem Zug. Du hast acht Stunden Zeit, die Stadt kennenzulernen. Du kannst einfach drauflos laufen und dich überraschen lassen, was dir auf deinem Spaziergang Interessantes über den Weg läuft. Dabei ist jedoch die Gefahr groß, dass du die Orientierung verlierst und die wichtigsten Sehenswürdigkeiten der Stadt nicht zu Gesicht bekommst. Darum wirst du dir einen Überblick verschaffen. Du kannst dies mithilfe eines Stadtplans tun. Dabei wirst du dir jedoch noch kein Bild von der Stadt machen können. Besser ist es, du steigst auf einen Turm und verschaffst dir von oben einen groben Überblick und einen Eindruck davon, wie alles zusammenhängt. Was soll dieser Vergleich?

Auch bei unbekannten Texten ist es sinnvoll, sich zunächst einen Überblick zu verschaffen: Wovon handelt der Text, worum geht es darin? Eine erste Orientierung bietet die Überschrift. Falls Abbildungen zum Text vorhanden sind, schau sie dir genau an. Manchmal bieten Untertitel (besonders hervorgehobene Angaben unter der Überschrift) oder Zwischenüberschriften noch ausführlichere Informationen über den Text. In vielen Texten sind zudem einzelne Begriffe fett gedruckt oder besonders hervorgehoben. Steht der Text in einem Buch, schau dir das Inhaltsverzeichnis an. Auf diese Weise kannst du erkennen, in welchem Gesamtzusammenhang er erscheint.

In Anjas Text lautet die Überschrift „Baupläne der Wirbeltiere“. Neben dem Text sind zwei Baupläne von Tieren abgebildet: der eines Säugetiers und der eines Vogels. Im Text erscheinen keine Zwischenüberschriften. Allerdings sind zwei Worte fettgedruckt. Das Wort „Säugetieren“ und das Wort „Vögel“. Daraus lassen sich wichtige Informationen entnehmen: Im Text geht es darum, wie Wirbeltiere gebaut sind. Säugetiere und Vögel sind offensichtlich Untergruppen von Wirbeltieren, d. h. sowohl Säugetiere als auch Vögel sind Wirbeltiere. Der Text beschreibt, worin sich beide Gruppen unterscheiden.

- **Text Abschnitt für Abschnitt durchlesen**

  Im nächsten Schritt liest du **jeweils einen Textabschnitt** (bis ein neuer Absatz beginnt). **Markiere** dabei dir **unbekannte und wichtige Begriffe** im Satz. Das kannst du mithilfe von farbigen Leuchtmarkern oder – falls dir das Buch nicht gehört – mit dem Bleistift tun. Nach dem Lesen eines Absatzes versuchst du seinen Inhalt in eigenen Worten wiederzugeben. Stelle dir dabei den **Inhalt** wenn möglich **bildlich** vor (Kopfkino, siehe S. 39).

  Bei Anjas Text könnte das so aussehen: Im Absatz 2 geht es um Merkmale, die bei allen Säugetieren gleich sind. Die drei wichtigsten: Sie gebären ihre Jungen (legen also keine Eier), sie säugen sie und sie sind gleichwarm (nicht wechselwarm). Außerdem haben alle weiblichen Säugetiere Milchdrüsen. Männliche wie weibliche Säugetiere besitzen Haare zur Wärmeisolation, damit sie ihre Körpertemperatur immer gleich warm halten können.

  Per Kopfkino schaust du dir einfach ein typisches Säugetier an: eine Katze. Stell dir die niedlichen kleinen Katzenjungen einer Katzenmutter vor: Sie drängen sich an ihren Milchdrüsen, weil sie hungrig sind und saugen wollen. Ihr Fell ist wohlig warm und ganz flauschig. Damit hast du dir alle wichtigen Merkmale von Säugetieren bereits bildlich vergegenwärtigt.

- **Fragen stellen**

  Hast du den gesamten Text durchgelesen, überlege, ob du alles verstanden hast. Vielleicht tauchen noch Fragen auf. Versuche Antworten auf diese Fragen zu finden, indem du dir den Text nochmals durchliest oder indem du das Lexikon oder andere Personen (Eltern, ältere Geschwister usw.) zu Rate ziehst.

  Dass Säugetiere und Vögel sich unterscheiden, ist dir sicherlich sonnenklar. Vögel legen Eier und besitzen Federn statt Haare. Aber welche Merkmale haben sie gemeinsam? Wenn du Absatz 4 des Textes noch einmal aufmerksam durchliest, findest du die Antwort: Vögel wie Säugetiere haben eine Wirbelsäule, eine Lunge, ein Nervensystem, ein Herz, zwei getrennte Blutkreisläufe und sind gleich warm.

- **Das Wichtigste in eigenen Worten wiederholen**

  So, nun hast du es so gut wie geschafft! Wiederholst du abschließend noch einmal die wichtigsten Aussagen des Textes in eigenen Worten, kannst du sicher sein, dass du auch noch zu einem späteren Zeitpunkt gut darüber Bescheid weißt. Wenn du besonders fleißig sein willst, halte die wichtigsten Stichpunkte schriftlich fest. Eine bewährte Methode, die Kernpunkte eines Textes herauszuarbeiten, ist das Schreiben von „Spickzetteln“ (siehe S. 76 ff.).

Der Merkzettel

Generationen von Schülern setzten und setzen ihre ganze Hoffnung während der Prüfung auf ein winziges Stück Papier: den Spickzettel. Von seiner Verwendung im „Ernstfall“ raten wir allerdings entschieden ab, denn erstens braucht man starke Nerven, wenn man ihm zu Einsatz bringen will und zweitens riskiert man, erwischt zu werden. Wir schlagen dir vor, einen solchen Zettel nur zu Lernzwecken anzufertigen, das ist nämlich genauso effektiv.
Vor wichtigen Tests, Klassenarbeiten usw. ist es sinnvoll, einen Merkzettel als ein „Hilfsgedächtnis“ anzufertigen, denn er zwingt dazu,

- die wichtigsten Informationen aus einem Stoffgebiet oder Text herauszuziehen,
- sie in Kürzestform festzuhalten und
- sich dadurch mit dem Lernstoff auseinander zu setzen.

Du hast vielleicht selbst schon die Erfahrung gemacht, dass es gar nicht so einfach ist, einen wirklich brauchbaren Merkzettel anzufertigen, denn ein gelungener Merkzettel bietet viel Information auf knappem Raum.
Machen wir die Probe aufs Exempel: Schlage noch einmal dieses Buch auf Seite 73 auf. Du erinnerst dich an Anjas Biologie-Hausaufgabe. Nehmen wir an, du willst über den Stoff der Hausaufgabe einen Merkzettel anfertigen. Wie gehst du am besten vor?

- **1. Schritt**

  Nimm dir ein **Blatt vom Format DIN A5** (normale Heftgröße oder Größe von zwei Postkarten). **Notiere** auf diesem Blatt zunächst alle **wichtigen Aussagen des Textes.** Das dürfen zunächst noch ganze Sätze sein, diese müssen jedoch die wesentlichen Informationen des Textes enthalten.

  Anjas Erstversuch, die Kernpunkte herauszufiltern, sieht so aus:

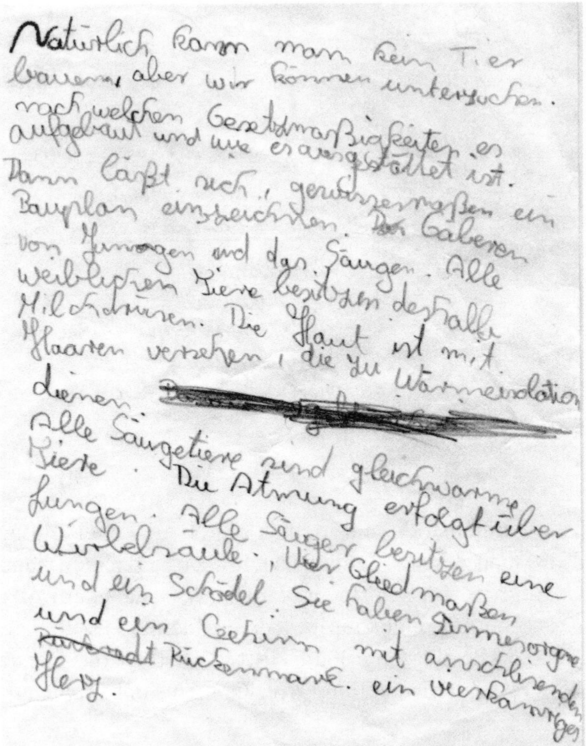

Natürlich kann man kein Tier bauen, aber wir können untersuchen nach welchen Gesetzmäßigkeiten es aufgebaut und wie es ausgestattet ist. Dann läßt sich, gewissermaßen ein Bauplan einzeichnen. Den Gebären von Jungen und das Säugen. Alle weiblichen Tiere besitzen deshalb Milchdrüsen. Die Haut ist mit Haaren versehen, die zu Wärmeisolation dienen.
Alle Säugetiere sind gleichwarme Tiere. Die Atmung erfolgt über Lungen. Alle Säuger besitzen eine Wirbelsäule, vier Gliedmaßen und ein Schädel. Sie haben Sinnesorgane und ein Gehirn mit anschließendem Rückenmark. ein vierkammriges Herz.

Mit Recht wirst du feststellen, dass sich daran einiges verbessern lässt. Auf Anjas Zettel stehen zu viele unwesentliche Einzelheiten – Füllwörter wie „natürlich“, „dann“, „deshalb“. Wichtige Textaussagen fehlen aus Platzgründen. Wir haben zwar zunächst ganze Sätze zugelassen, aber in der Endform sollte der Merkzettel nur aus wesentlichen Stichworten bestehen.
Eine verbesserte Variation, die dies berücksichtigt, könnte daher folgendermaßen aussehen:

Alle Lebewesen sind nach bestimmten Gesetzmäßigkeiten aufgebaut = Bauplan

Merkmale von Säugetieren

- Gebären von Jungen
- Säugen von Jungen
- Haut mit Haaren
- vier Gliedmaßen
- Schädel
- Magen-Darm-System
- Muskeln

Merkmale von Vögeln

- Eierlegen
- Federn
- nur zwei Beine
- Schädel
- Magen-Darm-System
- Muskeln

Beiden gemeinsame Merkmale

- gleichwarm
- Wirbelsäule
- getrennter Körper- und Lungenkreislauf
- Nervensystem
- vierkammriges Herz

- **2. Schritt**

Als Nächstes streichst du auf deinem DIN-A5-Zettel einfach alle Wörter durch, auf die man deiner Meinung nach noch verzichten kann. Sinntragende Wörter und Begriffe müssen stehenbleiben. Was nach dem Ausstreichen übrig geblieben ist, überträgst du nun auf einen kleineren Zettel, ein Papier vom Format DIN A6 (Postkartengröße). Hilfreich ist oft die Darstellung in Form einer Zeichnung. Zur Darstellung von Gemeinsamkeiten und Unterschieden zwischen Säugetieren und Vögeln kannst du z. B. Symbole aus der Mengenlehre verwenden. Die Gemeinsamkeiten zwischen beiden Gruppen bilden eine Schnittmenge:

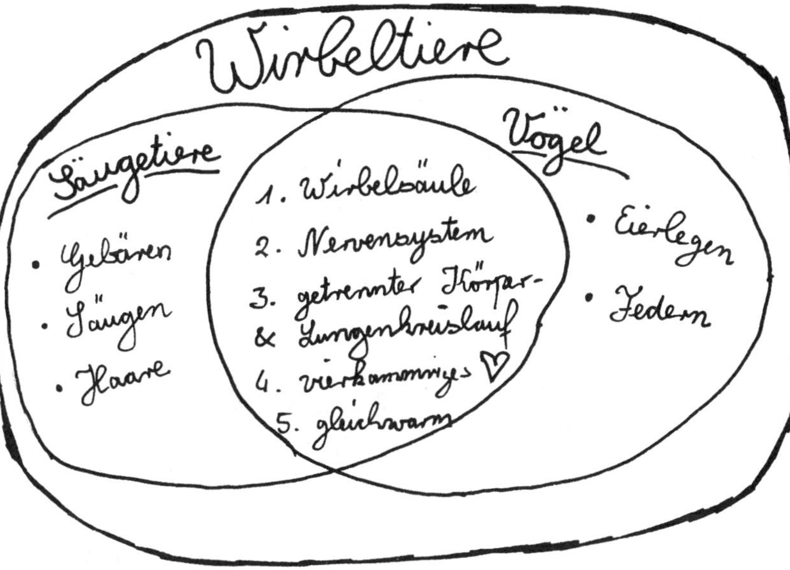

- **3. Schritt**

  Noch ist dein Merkzettel ein wenig zu groß. Überlege daher, ob du noch Informationen weglassen kannst. Falls nicht, überträgst du die Informationen des kleinen Zettels einfach auf einen noch kleineren vom Format einer halben Postkarte oder einem noch geringeren Format.

Fertig ist der Merkzettel! Du solltest ihn aber im Ernstfall nicht zum Abschreiben in der Klassenarbeit verwenden! Wenn du alle beschriebenen Schritte beim Anfertigen des Merkzettels durchlaufen hast, ist dies auch nicht mehr nötig. Du wirst sehen, durch das bloße Anfertigen dieses Zettels ist das Wichtigste ganz bestimmt in deinem Gedächtnis hängen geblieben.

Dem Gedächtnis ein Schnippchen schlagen – Lernposter anfertigen

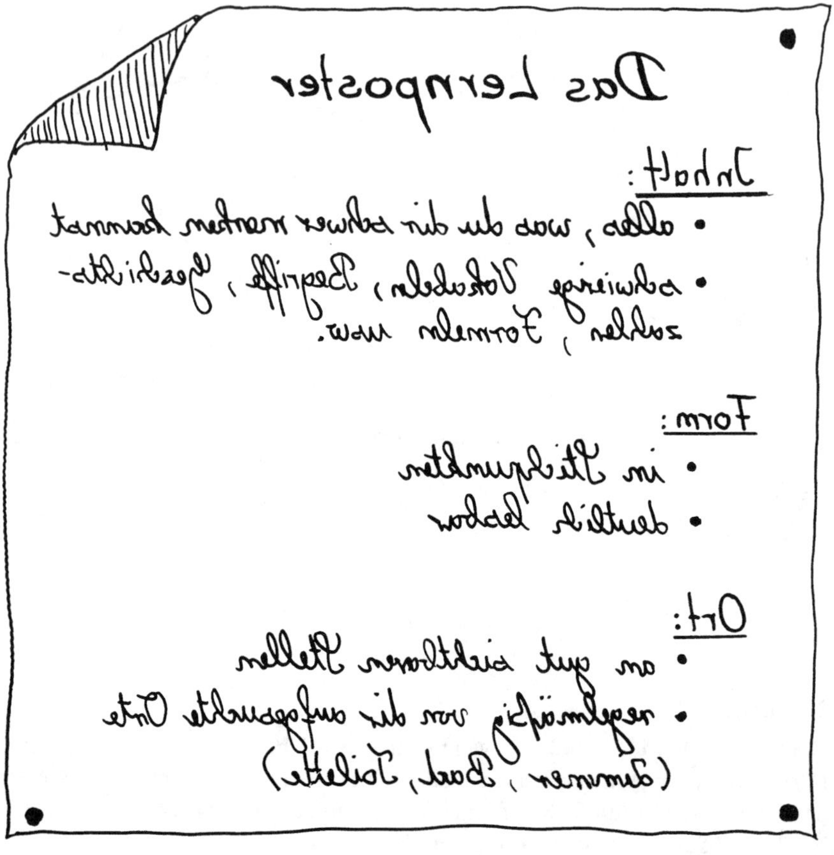

Na, hast du entziffern können, was auf dem oben verkleinert abgebildeten Lernposter steht? Richtig, das ist keine Geheimschrift, sondern Spiegelschrift!

Manchmal können wir uns bestimmte Dinge einfach nicht einprägen: Wörter mit schwieriger Schreibung, Vokabeln, Geschichtszahlen, Grammatikbegriffe usw. Das liegt meist daran, dass sie uns noch nicht häufig genug begegnet sind, um in unserem Langzeitgedächtnis abgespeichert zu werden.

Dem lässt sich durch einen einfachen Trick abhelfen: Auf ein großes Blatt Papier, einen Bogen Packpapier, Karton, Tapetenrolle oder Ähnliches schreibst du **gut leserlich** und **in Kurzfassung** alles, was du dir schwer merken kannst.

Durch farbige Unterstreichungen, passende Zeichnungen oder Fotos kannst du das Ganze zu einem ganz persönlichen und interessanten Lernposter gestalten. Deiner Fantasie sind dabei keine Grenzen gesetzt. Allerdings darfst du nicht zu viel auf dein Lernposter packen! Es muss schön übersichtlich bleiben!
Anschließend hängst du es an einer Stelle auf, an der du dich regelmäßig aufhältst. So kannst du sicher sein, dass dir der Lernstoff mit der Zeit vertraut wird. Denn jedesmal, wenn dein Blick aufs Lernposter fällt, prägst du dir seinen Inhalt ohne große Anstrengung ein.
Besonders trickreich ist ein Lernposter in Spiegelschrift. Du hängst es gegenüber einem großen Spiegel auf – im Bad oder gegenüber vom Garderobenspiegel. So fällt dir bei deinen täglichen Verrichtungen wie Zähneputzen oder Anziehen der Lernstoff ganz zwangsläufig ins Auge.
Nach spätestens drei Wochen allerdings solltest du dein Lernposter abnehmen oder **auswechseln.** Nach dieser Zeit verliert es nämlich seine Wirkung. Denn du hast bestimmt auch schon die Erfahrung gemacht: Alles, was wir täglich unverändert sehen, nehmen wir mit der Zeit nicht mehr bewusst wahr.

Texte auswendig lernen

Versuche, das folgende Gedicht innerhalb von zehn Minuten auswendig zu lernen.

Das Wasser

Vom Himmel fällt der Regen
und macht die Erde naß
die Steine auf den Wegen
die Blumen und das Gras

Die Sonne macht die Runde
in altgewohntem Lauf
und saugt mit ihrem Munde
das Wasser wieder auf

Das Wasser steigt zum Himmel
und wallt dort hin und her.
da gibt es ein Gewimmel
von Wolken, grau und schwer.

(James Krüss, Der wohltemperierte Leierkasten.

Wie gehst du am besten vor? Probiere es einmal mit dieser Methode:

- Lies den Text zunächst vollständig durch. Unterstreiche oder markiere dabei alle unbekannten Wörter oder Begriffe.
- Kläre die Bedeutung der markierten Begriffe, z. B. mithilfe des Dudens, Lexikons oder von jemandem, der sich auskennt.
- Kopfkino: Lies den Text erneut vollständig durch und setze dabei das Kopfkino ein (siehe S. 50). Male dir den Inhalt jeden Verses so anschaulich wie möglich aus. Versuche dabei alle deine Sinne einzusetzen. Was siehst, hörst fühlst, riechst oder schmeckst du bei den einzelnen Bildern, die in dir aufsteigen?
- Lies den Text **laut** Abschnitt für Abschnitt oder Strophe für Strophe. Jetzt ist deine Schauspielkunst gefragt: Hebe wichtige Textstellen mit der Stimme hervor und unterstütze dies durch deine Mimik und Gestik. Vergegenwärtige dir bei jedem Abschnitt nochmals die Szenen, die du in deinem Kopf zum Text entworfen hast.
- Decke nun den Text ab und versuche ihn wortgetreu wiederzugeben. Falls es noch nicht klappt, präge dir die einzelnen Abschnitte erneut ein.

Als Erinnerungsstütze haben wir den Inhalt jeden Verses bildlich dargestellt. Für alle, die gerne malen und die Bilder in ihrem Kopf lieber wirklich zu Papier bringen, ist das Zeichnen von Textinhalten eine hervorragende Merkhilfe. Die folgende Darstellung gibt den Inhalt jeden Verses in Form eines kleinen Bildchens wieder. Überprüfe einmal, ob du deinem Gedächtnis damit auf die Sprünge helfen kannst! Decke dazu den Text ab und versuche dich anhand der Zeichnungen an den Wortlaut der einzelnen Verse zu erinnern.

Das Wasser

Vom Himmel fällt der Regen
und macht die Erde naß
die Steine auf den Wegen
die Blumen und das Gras

Die Sonne macht die Runde
in altgewohntem Lauf
und saugt mit ihrem Munde
das Wasser wieder auf

Das Wasser steigt zum Himmel
und wallt dort hin und her.
da gibt es ein Gewimmel
von Wolken, grau und schwer.

Selbstverständlich kannst du die beschriebene Methode auch auf jeden anderen Text anwenden, den du dir einprägen willst.

9. Darauf kommt's an – im Fach Deutsch

Sich ausdrücken zu können ist wohl eine der bedeutendsten menschlichen Fähigkeiten. Ohne diese wären wir nicht in der Lage, uns einem anderen Menschen mitzuteilen oder uns mit ihm zu verständigen. Daher ist eine der wichtigsten Aufgaben des Deutschunterrichts die **Verbesserung unserer Ausdrucksfähigkeit,** und zwar im Mündlichen wie im Schriftlichen.

Tipps zum schriftlichen Ausdruck

- **Rechtschreibung**

  Zugegeben, wir alle zweifeln manchmal am Sinn und Zweck bestimmter Rechtschreibregeln. Trotzdem solltest du Rechtschreibung und Zeichensetzung nicht als reine Nebensache betrachten, nach dem Motto:

  Die doove rechtschreibung ist mir doch Wurst. Haubtsache man kann fersten, was ich meine.

  Sieht doch ziemlich uncool aus, findest du nicht? Wenn du dich in der Rechtschreibung noch unsicher fühlst ...

  Lass' dir zwei bis drei Mal wöchentlich ein kurzes Diktat geben!
  Sehr gut eignen sich hierfür die lustigen Minutendiktate des im Stark Verlag erschienen Trainingsbandes „Deutsche Rechtschreibung" von J. Knobloch und E. Segl.

  Verbessere die Fehler sorgfältig! Im Heft sollte nichts Falsches stehen.
  Mache die verkehrte Schreibung unleserlich (Überkleben, Tipp-Ex), sodass dir wirklich nur die richtige Schreibung ins Auge fällt. Streichst du die falsche Variante lediglich einmal durch und schreibst die richtige darüber, lernst du die verkehrte zwangsläufig mit (vgl. S. 58).

  Lerne aus deinen Fehlern!
  Haben wir uns bestimmte Wörter einmal falsch eingeprägt, schreiben wir sie meist immer wieder verkehrt. Lege daher eine Fehlerliste an, in die du diejenigen Wörter einträgst, deren Schreibung dir Schwierigkeiten bereitet. Wiederhole diese Wörter regelmäßig.

  Nimm den Rechtschreib-Duden zu Hilfe, wenn du dir unsicher bist.

Lerne sorgfältig die Regeln für die Zeichensetzung!
Wenn du bei jedem Kommafehler feststellst, gegen welche Regel du verstoßen hast, wirst du in der Zeichensetzung bald firm sein (Regeln, Beispiele und Übungen zur Zeichensetzung findest du in dem Buch „Deutsch Training, Deutsche Rechtschreibung, Regeln, Übungen, Minutendiktate, Rechtschreibrätsel und Lösungen, 5.–10. Klasse" des Stark Verlages).

- **Aufsatzlehre**

Die folgenden Tipps beziehen sich auf typische Schwierigkeiten, wie sie in den Aufsätzen von Schülern der gymnasialen Unterstufe häufig vorkommen.

Jeder Aufsatz besteht aus den drei Teilen Einleitung, Hauptteil und Schluss!
Notiere daher, bevor du loslegst, zu jedem der drei Teile einige Stichpunkte, die du in deinem Aufsatz ausführen wirst. Vergegenwärtige dir beim Niederschreiben der Endfassung stets, welchen der drei Teile du gerade ausführst.

Schreibe immer in vollständigen Sätzen!
Eine Ausnahme hiervon bilden Ausrufe in wörtlichen Reden. Comic-Sprache hat also im Deutschaufsatz nichts zu suchen.

Bleib bei Erlebnis- oder Fantasie-Erzählungen immer beim Thema!

Schildere beim Erzählen von Geschichten sowohl die äußere Handlung als auch das innere Erleben einer Person.
Nicht nur das, was jemand tut oder mit seinen verschiedenen Sinnen wahrnimmt, gehört in eine erlebte oder erfundene Geschichte. Auch die Schilderung der Gedanken, Gefühle, Einstellungen und Fantasien der handelnden Person – die innere Handlung – solltest du berücksichtigen. Der Leser kann sich dadurch besser in das Geschehen hineindenken und einfühlen.

Genaue Anleitungen, viele wertvolle Tipps und Übungen zu den verschiedenen Aufsatzarten und Erzählstilen findest du in den Deutsch Trainingsbänden des Stark Verlags („Deutsch Training, Aufsatz 5./6. Klasse" und/oder „Deutsch Training, Aufsatz 7./8. Klasse").

- **Schreibfähigkeit**

  Deine Fähigkeit, schriftliche Texte zu verfassen, kannst du durch einfache Maßnahmen üben:

  Briefe schreiben
  Durch Brieffreundschaften pflegst du nicht nur Kontakte, sondern trainierst auch deine Schreibfähigkeit.

  Artikel für die Schülerzeitung verfassen
  Ein Erfolgserlebnis besonderer Art ist es, wenn man durch eigene Texte das Echo eines breiten Publikums erhält.

  Tagebuch führen
  Durch das Niederschreiben deiner Erlebnisse lernst du, deine Gedanken zu ordnen und Gefühle zu artikulieren, d. h. zu benennen und zu beschreiben.

  Lesen
  Wer viel liest, erweitert automatisch seinen Wortschatz und sein Wissen. Dies wiederum wirkt sich positiv auf die eigene Schreibfähigkeit aus. Nütze auch die vielfältigen Angebote der Schülerbüchereien und städtischen Leihbibliotheken!

Freies Sprechen

Untersuchungen haben ganz klar gezeigt: Wer es versteht, sich gewandt auszudrücken, hat mehr Erfolg in der Schule.

Freies Sprechen kannst du üben durch:

- **aktive Mitarbeit im Unterricht**

  Melde dich häufig zu Wort und äußere deine Meinung.Vertrete deinen Standpunkt in Diskussionsrunden.

- **betontes, ausdrucksvolles Sprechen**

  Versuche das, was du sagst, durch deinen Gesichtsausdruck und deine Hände (mimisch und gestisch) zu unterstreichen. Durch Variation in der Betonung, Lautstärke (laut und leise) und Sprechgeschwindigkeit (langsam und schnell) kannst du deine Rede abwechslungsreich und interessant gestalten. Achte besonders beim Vorlesen auf den Sinn des Textes und hebe Wichtiges durch entsprechende Betonung hervor.

- **Sprechübungen mit Spiegel, Video- oder Kassettenrekorder**

  Übe die freie Rede z. B. vor dem Spiegel, indem du den Inhalt kurzer Texte (dafür eignen sich kurze Erzählungen, Geschichten, Zeitungsmeldungen) frei wiedergibst. Achte dabei auf Verständlichkeit und saubere Aussprache. Besonders gut kannst du deinen Redeerfolg mithilfe eines Kassetten- oder Videorekorders überprüfen. Wenn du Reporter spielst, brauchst du einen Kassettenrekorder und ein externes Mikrofon. Diese Übung trainiert nicht nur die Sprechfähigkeit, sondern verleiht auch Selbstsicherheit im Umgang mit der eigenen Stimme und anderen Menschen: Befrage Familienmitglieder oder Passanten auf der Straße nach ihrer Meinung zu einem bestimmten Thema.

10. Darauf kommt's an – im Fach Mathematik

Mitarbeit im Unterricht

- **Mitdenken** ist das A und das O des Mathematikunterrichts. Rechnet z. B. dein Lehrer an der Tafel eine Aufgabe vor, schreibe nicht einfach nur gedankenlos ab. Versuche die Erklärungen, die der Lehrer zu jedem Rechenschritt gibt, nachzuvollziehen, d. h. zu verstehen.
- **Nachfragen** solltest du **immer,** wenn dir etwas unklar ist. Und zwar nicht erst, wenn sich ein ganzer Berg an Fragen aufgehäuft hat und du Gefahr läufst, den Anschluss zu verpassen, sondern sofort, wenn du einen Rechenschritt, eine Erklärung usw. nicht verstehst.
- **Grundlegende Fachbegriffe,** Definitionen, Lehrsätze und Formeln solltest du dir unbedingt einprägen. Notiere sie auf einem Merkblatt (siehe S. 56 f.), falls dein Lehrer sie nicht ohnehin ins Schulheft eintragen lässt. Lerne sie sorgfältig unter Einsatz des Kopfkinos (siehe S. 50). Überprüfe von Zeit zu Zeit, ob dir alle verwendeten Fachbegriffe klar sind. Hole dir nötigenfalls Hilfe (beim Lehrer, bei Klassenkameraden usw.).

Stoff der Grundschule muss sitzen

In der Wüste wächst kein Spargel. „Ist doch klar", wirst du sagen. Um zu gedeihen, benötigt der Spargel eine bestimmte Bodenbeschaffenheit und genügend Feuchtigkeit. Ähnlich ist es mit deinen Fertigkeiten in Mathematik: Was du in der Grundschule gelernt hast, bereitet sozusagen den Boden, die Grundlagen für das, was du im Gymnasium lernen wirst. Ist dieser Boden jedoch nicht optimal, wird auch die Ernte nicht entsprechend ausfallen. Darum sorge dafür, dass die Grundlagen stimmen (Eine Wiederholung von Stoffen der Grundschule sowie eine gezielte Vorbereitung für den Übertritt ins Gymnasium findest du in dem Trainingsbuch von Alfred Müller: Mathematik Training, Übertritt ins Gymnasium, Stark Verlag).

- Das **Einmaleins** musst du in- und auswendig beherrschen. Du solltest es jederzeit wie eine Tabelle vor dein geistiges Auge rufen können. Dabei solltest du z. B. nicht nur ohne Zögern beantworten können, was 7 x 6 ist, sondern auch in der Lage sein, eine beliebige Zahl des Einmaleins entsprechend zu zerlegen, z. B. 56 = ?.

- **Textaufgaben** kannst du wie ein Detektivspiel betrachten:

Das Geheimnis erfolgreicher Detektive besteht darin, dass sie alle Informationen systematisch miteinander verknüpfen. Überlege daher zunächst: a) **Was ist gesucht?** Meistens ist dies auch als direkte Frage formuliert, erkennbar am Fragezeichen. Überlege dir dann: b) **Was ist gegeben,** das heißt welche Informationen enthält der Text? Die zur Lösung der Aufgabe benötigten Informationen befinden sich alle im Text! Durch sorgfältiges Lesen findest du sie heraus. Schreibe auch Nebenrechnungen ins Heft! So kann der Lehrer später deinen Lösungsweg besser nachvollziehen.

Worauf du bei den Hausaufgaben achten musst

Kannst du eine Hausaufgabe nicht lösen, gib nicht gleich auf!

- **Gehe den zugrunde liegenden Stoff anhand des Schulheftes oder des Mathematikbuches noch einmal Schritt für Schritt durch.** Versuche die einzelnen Rechenschritte nachzuvollziehen und dich an die Erläuterungen des Lehrers während der Stunde zu erinnern.
- **Wurde eine Musteraufgabe in der Schule gerechnet, versuche diese noch einmal selbstständig zu lösen**, indem du die Lösung abdeckst. Vergleiche deine eigene Lösung mit den Rechenschritten und Ergebnissen der Musteraufgabe. Prüfe genau, an welchen Punkten du davon abweichst.

Falls du auf diese Weise nicht weiterkommst, **halte deine Fragen am besten schriftlich fest** und bitte den Lehrer zu Beginn der nächsten Stunde um eine Erklärung.

- **Grundsätzlich gilt für jede Hausaufgabe:** Achte bei der Hausaufgabe auf eine übersichtliche und saubere Darstellung. Neue Rechenschritte beginnen mit einer neuen Zeile. Notiere Nebenrechnungen und Rechenschritte, die du nicht im Kopf machen kannst, auch bei Hausaufgaben unbedingt ins Heft. So kann der Lehrer deine Gedankengänge nachvollziehen. Dies ist besonders wichtig bei Klassenarbeiten oder Tests: Hast du wichtige Zwischenschritte und Nebenrechnungen notiert und ist lediglich dein Endergebnis falsch, erhälst du dennoch Punkte für den richtigen Lösungsweg.

11. Darauf kommt's an – im Fach Englisch

Nicht nur wenn du Englisch lernen willst, sondern auch beim Erlernen jeder anderen noch gesprochenen Sprache, stehst du vor drei Aufgabenbereichen:
In der fremden Sprache sprechen lernen: Dazu musst du dir zum einen Wörter aneignen, zum anderen musst du die grammatischen Strukturen der betreffenden Sprache beherrschen, oder einfacher ausgedrückt: Du musst wissen, welche Wörter wie und wann korrekt miteinander kombiniert werden.
In der fremden Sprache schreiben lernen: Besonders wenn Aussprache und Schreibung stark voneinander abweichen, wie dies z. B. im Englischen der Fall ist, musst du die Rechtschreibung mit besonderer Sorgfalt üben.
In der Lage sein, Texte – geschriebene wie gesprochene – aus der betreffenden Fremdsprache ins Deutsche **zu übersetzen** und umgekehrt.

Englisch sprechen

- **Regelmäßiges Lernen und Wiederholen von Vokabeln** ist beim Erlernen einer Fremdsprache unabdingbar (siehe S. 62). Achte beim Einprägen von Wörtern immer auf eine korrekte und saubere Aussprache!
  Du solltest den **Zusammenhang (Kontext), in dem die Wörter vorkommen, gleich mitlernen** (z. B.: He did not speak **for** fear **of** waking the baby – er sprach nicht, aus Angst davor, das Baby zu wecken). In nahezu allen gängigen Lehrbüchern findest du deshalb ein dreispaltiges Wörterverzeichnis zu den einzelnen Lektionen. Die mittlere Spalte besteht meistens aus einem Beispiel, in dem das betreffende Wort im Satzzusammenhang auftaucht. Diese Spalte solltest du unbedingt mitlernen, wenn du dir die Vokabeln einprägst. Ideal wäre auch eine dreispaltige Vokabelheftführung nach dem Muster der Schulbücher.
- Das **Hören von Muttersprachlern und Sprechen mit Muttersprachlern** ist die schnellste und effektivste Möglichkeit, Englisch und andere Sprachen zu lernen. Dadurch geht dir das Englische leichter ins Ohr. Du lernst nicht nur eine korrekte Aussprache, sondern erweiterst auch deinen Wortschatz und lernst Wörter im richtigen Zusammenhang zu gebrauchen.
  Die beste Gelegenheit dazu bietet natürlich ein **Auslandsaufenthalt.** Ideal ist ein längerer Auslandsaufenthalt mit Familienanschluss. Viele Schulen organi-

sieren den Austausch von Schülern oder den Aufenthalt in Familien. Erkundige dich danach bei deiner Schulleitung oder beim betreffenden Fachlehrer. Ist es dir nicht möglich, ins Ausland zu fahren, **höre dir englische Texte regelmäßig aufmerksam an.** Zu nahezu allen Englisch-Lehrbüchern gibt es **Begleitkassetten mit Lektionstexten und Sprechübungen.** Diese kannst du entweder in der Buchhandlung kaufen oder eventuell von deinem Lehrer überspielen lassen (frage deinen Lehrer danach – die meisten Fachlehrer bzw. Schulen besitzen solche Begleitkassetten). Eine andere Möglichkeit, sich mit der englischen Gegenwartssprache vertraut zu machen, ist das Hören und **Übersetzen englischer Songs.** Die Texte der Songs deiner Lieblingspopgruppe findest du häufig auf den Umschlägen von CDs oder Plattencovern. Auch Leihbibliotheken führen Songbooks mit den Liedertexten beliebter Popgruppen. Selbst wenn du vieles anfangs nicht verstehen wirst, sieh dir ab und zu **englischsprachige Fernsehsender** an (durch Kabel- und Satellitenfernsehen ist der Empfang solcher Sender in den meisten Haushalten möglich). Und last but not least: Englische Nachrichten gibt es täglich im Schulfunk. Wann, erfährst du in der Programmzeitschrift.

- **Versuche in der Fremdsprache möglichst häufig zu reden und zu denken:** Lektionstexte lassen sich z. B. mit verteilten Rollen nachspielen. Fasse den Inhalt von kurzen Texten oder Lektionen immer wieder in Englisch zusammen.

Englisch schreiben

- Um mit der englischen Rechtschreibung vertraut zu werden, solltest du dir **regelmäßig kurze Diktate** geben lassen.
- Versuche dir bereits **beim Vokabellernen das englische Schriftbild jeweils ganz bewusst vor Augen zu führen.** Sprich den englischen Begriff laut vor dich hin und stelle dir dabei ganz deutlich vor, wie das Wort geschrieben wird.
- **Brieffreundschaften** mit Muttersprachlern machen nicht nur Spaß, sondern sind auch eine interessante Möglichkeit, Routine in der Rechtschreibung zu erlangen.

Übersetzen

Je größer dein Wortschatz, desto bessere Voraussetzungen hast du für die Übersetzung englischer Texte. Natürlich geht auch nichts ohne entsprechende Grammatikkenntnisse. Lerne daher unbedingt alle Schulhefteinträge sowie den Inhalt von Arbeitsblättern. Sie beinhalten nämlich das unbedingt nötige Grammatikwissen.

Gezielt trainieren kannst du zudem mithilfe der im Stark Verlag erschienen Bücher „Englisch Training, 5. Klasse" und „Englisch Training, 6. Klasse".

12. Rettungseinsatz in letzter Minute: Wie man Wissenslücken mit Lernhilfen gezielt schließen kann

Der Lehrer schlägt das Notenbuch auf. Mit geübtem Blick erkennt Felix M. sofort: Der wandernde Zeigefinger des Lehrers verharrt auf einem Namen in der Mitte des Alphabets. Seit Wochen mogelt sich Felix geschickt um den schwierigen Stoff herum. Wenn er heute dran kommt, wird es auffliegen, dass er schon lange nichts mehr kapiert. Jetzt Blickkontakt strikt vermeiden! Vielleicht rettet ihn die altbewährte Taktik auch dieses Mal ...

Ganz schön nervenaufreibend, wenn man seine Wissenslücken stets verbergen muss! Stell dir eine durchlöcherte Socke vor. Je mehr schadhafte Stellen sich bereits gebildet haben, desto aufwendiger wird es, den Strumpf wieder zu flicken und irgendwann schließlich lässt er sich nicht mehr reparieren.

Ähnlich ist es mit deinen Wissensgrundlagen: Hast du viele Lücken, ist es schwer, sie wieder zu schließen. Daher lass es nach Möglichkeit gar nicht dazu kommen!

Was aber kannst du tun, wenn es doch einmal soweit ist?

Nachhilfe

Nachhilfe bietet eine Möglichkeit, den Grauzonen im Stoff wirkungsvoll zu Leibe zu rücken. Meist jedoch ist sie kostspielig und zeitaufwendig, weil der Nachhilfelehrer sich erst ein Bild von deinem Wissensstand und Können machen muss, bevor er mit der eigentlichen „Reparaturarbeit" beginnen kann. Außerdem ist es gar nicht so einfach, einen qualifizierten und für dich richtigen Nachhilfelehrer zu finden.

Lernhilfen

Gute Lernhilfen sind eine **kostensparende Alternative** zur Nachhilfe. Sie vermitteln den Stoff verschiedener Fächer in systematischer Weise. In jeder größeren Buchhandlung gibt es ein breites Sortiment an Lernhilfen. Beim Kauf einer Lernhilfe solltest du Folgendes beachten: Eine systematisch und übersichtlich aufgebaute Lernhilfe besteht aus drei Teilen:

- einem **Theorieteil,** in dem Regeln oder Gesetzmäßigkeiten eines Stoffes anhand von **Beispielen** übersichtlich und gut verständlich dargestellt sind,
- einem **Aufgabenteil,** in dem du die im Theorieteil dargestellten Regeln auf konkrete Aufgaben anwenden musst und
- einem **Lösungsteil,** mit dessen Hilfe du überprüfen kannst, ob du die gestellten Aufgaben richtig gelöst hast. Dabei muss für dich stets klar sein, wie man zur richtigen Lösung kommt. So sollte z. B. bei mehrschrittigen Mathematikaufgaben im Lösungsteil nicht nur das Endergebnis, sondern der gesamte Lösungsweg in einer für dich nachvollziehbaren Weise dargestellt sein.

Darauf solltest du beim Kauf achten: Lernhilfen gibt es in unterschiedlichen Preisklassen. Gute Lernhilfen müssen nicht notwendigerweise auch teuer sein. Achte beim Kauf vor allem auf die zuvor beschriebene Dreiteilung. Alle Lernhilfen des Stark Verlages sind z. B. in dieser Weise aufgebaut. Das Inhaltsverzeichnis einer Lernhilfe muss so angelegt sein, dass du daraus sofort ersehen kannst, auf welchen Seiten du Antwort auf dein spezielles Problem bekommst.

Felix z. B. hat Schwierigkeiten mit der Rechtschreibung, die sich stets negativ auf seine Aufsatznoten auswirken. Statt teurer Nachhilfe leistet er sich eine kostengünstige Lernhilfe, die er systematisch durcharbeitet. Jetzt kennt er sogar die Regeln für ein korrektes Setzen des Bindestrichs. (Dieses Beispiel ist entnommen aus dem Buch „Deutsch-Training, Deutsche Rechtschreibung" Stark Verlag, Titel-Nr. 93442).

Regeln, Beispiele, Übungen

Schreibung mit Bindestrich *Regeln*	**Schreibung mit Bindestrich** *Beispiele*
Substantivisch gebrauchte **Zusammensetzungen** werden mit Bindestrichen besonders bei mehr als zwei Bestandteilen geschrieben.	das Entweder-oder, das Sowohl-als-auch, das Make-up, das Rooming-in, das Auf-die-lange-Bank-schieben
Vor Suffixe setzt man nur dann einen Bindestrich, wenn sie mit einem Einzelbuchstaben verbunden werden.	zum **x-ten** Mal **Aber**: der 68er
Zusammensetzungen von **Wörtern mit Ziffern** werden durch einen **Bindestrich** getrennt.	**3**-Tonner, **17**-jährig, der **17**-Jährige, **2/3**-Mehrheit, **30**-prozentig
Alle anderen Zusammensetzungen mit Zahlen oder mehreren Buchstaben werden ohne Bindestrich geschrieben.	der 68er, ein 32stel, 100%ig, das 10fache, der FDPler

41

Die korrekte Anwendung der Regeln im Aufgabenteil macht ihm deshalb keine Schwierigkeiten mehr. Hättest du's auch gekonnt?

Schreibung mit Bindestrich – Übungen

Regeln auf Seite: 40–41
Lösungen auf Seite: 147

1. Ergänze die Sätze. Verwandele dazu die Angaben in Klammern in eine **Bindestrich-Konstruktion.**

   Beispiel:
   Ein __________ rumpelte über die Brücke. (Lastwagen, der 3 t wiegt)
   Ein **3-Tonner** rumpelte über die Brücke.

   Sie war mit einem ____________ befreundet. (Junge, der 18 Jahre alt ist)

   Es kommt __________________ zu einer Katastrophe. (garantiert, ganz sicher; formuliere als Prozentangabe)

   An meinem Geburtstag werde ich eine ________________ Party feiern. (Party, die 2 Tage dauert)

2. Hier gibt es **Missverständnisse,** die du durch Einsetzen von Bindestrichen **vermeiden** kannst.
   Er hatte seine Lehrzeit beendet und bekam nun sein (DRUCKERZEUGNIS) ________________________.

   Er konnte auf ein langes (MUSIKERLEBEN) ____________________ zurückblicken.

   Unsere Firma ist auf die Herstellung erstklassiger (DRUCKERZEUGNISSE) ________________________ spezialisiert.

3. Was gehört zusammen? Bilde sinnvolle Verbindungen mit Bindestrich.

~~A~~	Punkt	**A-Dur**
b	Kurve	
i	~~Dur~~	
S	beinig	
s	Shirt	
T	Moll	
x	laut	

(Die richtigen Lösungen findest du im Anhang, S. 110)

Wie du mit einer Lernhilfe sinnvoll umgehst

Problemdiagnose: Damit ein Arzt einem kranken Patienten wirkungsvoll helfen kann, muss er zunächst eine Diagnose stellen: Wo hat der Patient Schmerzen, welche Krankheit hat er? Eine solche Bestandsaufnahme der Probleme ist auch der erste Schritt bei deiner Arbeit mit einer Lernhilfe: Du solltest dir zunächst darüber klar werden, wo du Schwierigkeiten hast. Wenn du selbst deine Schwächen nicht genau kennst, sieh dir deine vom Lehrer korrigierten Hefte oder Klassenarbeiten bzw. Tests noch einmal genau durch. Häufen sich darin bestimmte Fehler bzw. Problembereiche? Gelingt es dir selbst nicht, deine Lücken aufzudecken, bitte deine Eltern oder Lehrer um Hilfe. Vielleicht können sie dir Tipps geben, welche Stoffe du wiederholen oder eingehender bearbeiten solltest. Stelle dir am besten eine Liste mit deinen speziellen Schwierigkeiten zusammen. Dies ist eine unabdingbare Voraussetzung für eine wirkungsvolle „Heilung".

Gezieltes Arbeiten am Problem: Nimm dir deine Problemliste zur Hand. Schlage nun das Inhaltsverzeichnis deiner Lernhilfe auf. Suche unter den Stichworten des Inhaltsverzeichnisses diejenigen, die deine Schwierigkeiten treffend bezeichnen. Bist du z. B. mit der Groß- und Kleinschreibung noch unsicher, findest du im Inhaltsverzeichnis des Bandes „Deutsche Rechtschreibung" vom Stark Verlag die Stichwörter „Großschreibung" und „Kleinschreibung". Beginne nun in den angegebenen Kapiteln zu arbeiten. Du findest dort Regeln und Beispiele. Hast du diese verstanden, bist du auch in der Lage, die entsprechenden Aufgaben im Übungsteil selbstständig zu lösen. Manchmal kann es sinnvoll sein, eine Lernhilfe systematisch, d. h. der Reihe nach durchzuarbeiten. Fehlt es dir z. B. im Fach Mathematik an Grundlagen, die bereits in der Grundschule durchgenommen wurden, kann vielleicht schon eine gezielte Wiederholung der vier Grundrechenarten Abhilfe schaffen. Eine systematische Darstellung solcher Grundlagen – Aufbau des Zahlensystems, Grundrechenarten, Maße – findest du z. B. im Mathematik-Training „Übertritt ins Gymnasium" des Stark Verlages.

Regelmäßiges Arbeiten mit der Lernhilfe: Halte am besten schriftlich fest, **welche Stoffe** du **bis wann durchgearbeitet** haben willst (siehe S. 104 f.). Besonders wenn du dich gezielt auf Klassenarbeiten oder Tests vorbereiten willst, ist ein solcher Arbeitsplan wichtig (siehe auch S. 32 ff.). Natürlich lassen sich deine Vorsätze nur mit etwas Selbstdisziplin in die Tat umsetzen. Damit dein Rettungseinsatz in eigener Sache Erfolg hat, arbeite regelmäßig – täglich etwa 15 Minuten – mit der Lernhilfe. Mogeln ist strikt verboten! Schau dir die Aufgabenlösungen erst an, wenn du eine Aufgabe selbstständig gelöst hast oder wenn du mit der Aufgabe auch nach wiederholten Anläufen nicht klarkommst.

Wie ich Zutrauen zu meinem Können fasse –
Jetzt erst recht!

Die Mathestunde beginnt: Sabine will sich melden, um dem Lehrer mitzuteilen, dass sie die Hausaufgabe nicht machen konnte. Sie hat sich zwar wirklich Mühe gegeben, aber die Aufgabe einfach nicht verstanden.
Da kommt ihr Robin zuvor: Er entschuldigt sich dafür, dass er seine Hausaufgabe nicht hat, weil er sie nicht konnte. Ob ihm denn keine bessere Ausrede einfiele, meint der Lehrer darauf spöttisch und vermerkt etwas in seinem Notenbuch. Da lässt Sabine von ihrem Vorhaben ab und senkt ihre Hand wieder. Im nächsten Moment wird ausgerechnet sie an die Tafel gerufen – sie soll die Hausaufgabe vorrechnen. Auf dem Weg zur Tafel läuft Sabine rot an. Als sie vorne steht, hat sie ein „Brett vor dem Kopf". Sogar der erste Schritt der Aufgabe, der ihr gestern noch keine Schwierigkeiten bereitete, ist Sabine entfallen. „Na, Sabine, du bist wohl mit deinen Gedanken woanders!" raunzt der Lehrer sie an. Die Klasse bricht in Gelächter aus ...

Die meisten Schüler müssen im Laufe ihrer Schulkarriere einmal eine solche oder ähnliche Situation durchstehen. Wenn du dich stark genug fühlst und von deinen Fähigkeiten überzeugt bist, ist das auch kein Problem. Die Schwierigkeiten aber beginnen dann, wenn du selbst schon nicht mehr so recht an dich glaubst:

- weil du z. B. häufig von deinen Eltern hören musst *Mathe ist halt nicht deine Stärke!*,

- weil du inzwischen selbst glaubst *Mathe werde ich nie können!*,
- weil du meistens schlechte Noten hast,
- weil deine Lehrer nichts Schlaues von dir erwarten.

Natürlich spornen solche Angriffe auf unser Selbstwertgefühl nicht unbedingt zum Lernen an. Wir arbeiten viel lieber für eine Sache, für die wir Anerkennung und Lob zu erwarten haben, denn wer erspart sich nicht gerne Ärger und Frustration! Eine häufige Folge ist, dass wir das ungeliebte Fach lieber links liegen lassen und uns vielleicht gar nicht mehr aufraffen können, etwas dafür zu tun. Es lohnt sich ja ohnehin nicht. In einer Prüfungssituation versagen wir dann tatsächlich, weil uns bestimmte Kenntnisse fehlen und weil die Angst zu versagen unser Denken blockiert. Mit dieser Haltung sind wir schon inmitten eines gefährlichen Kreislaufs:

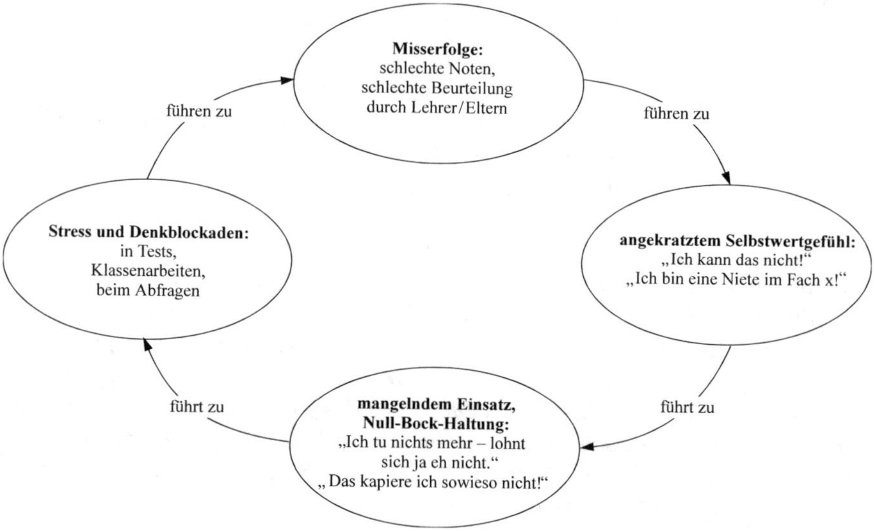

1. Die Energiefresser rauben unsere Lernenergie

Gedanken oder Vorhaltungen wie die folgenden wirken sich negativ auf unser Lernverhalten aus. Sie gehen stillschweigend davon aus, dass etwas so ist und auch immer so bleiben wird und wir uns eben damit abfinden müssen. Meistens handelt es sich dabei um Sätze, die uns von Eltern oder Lehrern immer wieder gesagt wurden, bis wir schließlich selbst an sie glauben. Wir nennen sie Energiefresser. Energiefresser nagen an unserem Selbstbewusstsein und machen uns verletzlich:

- *Du bist eben nicht sprachbegabt.*
- *Ich war noch nie die/der Schnellste.*
- *Ich habe eine fürchterliche Klaue.*
- *Meine Eltern waren auch schon schlecht in Latein.*
- *Du bist halt schlampig.*
- *Ich konnte noch nie malen.*

Sicher fallen dir noch weitere, auf dich persönlich zutreffende Energiefresser ein:

____

____

____

____

2. Vom Misserfolg zum Erfolg

Willst du aus dem beschriebenen Teufelskreis (siehe S. 100) ausbrechen, vergiss erst einmal die Vorhaltungen der anderen.

Energiefresser über Bord werfen

Nimm zunächst deine persönlichen Energiefresser unter die Lupe: Statt z. B. zu dir selbst zu sagen *Mathe war eben noch nie meine Stärke,* genügt es festzustellen: *Ich habe im Moment ein Problem, aber ich werde es lösen.* Oder statt zu behaupten *Ich habe eine fürchterliche Klaue* könntest du auch sagen: *Diesen Text habe ich schlampig geschrieben, aber das nächste Mal werde ich schöner schreiben.* Du siehst, **es kommt darauf an, dass du dir** zunächst einmal **selbst eine Chance zur Veränderung einräumst.** Die Voraussetzung dafür, dass du dein Verhalten änderst, ist allerdings, dass du wirklich etwas ändern willst.

Null-Bock-Haltung überwinden

Vielleicht bist du aufgrund einer Serie von Misserfolgen bereits an dem Punkt angelangt, wo du dir sagst: *Das kapiere ich ja sowieso nicht! Über meine Fünf in Latein komme ich eben nicht weg!* Damit wirfst du die Flinte ins Korn – du findest dich damit ab und gibst den Kampf auf. So ist es kein Wunder, wenn sich erneut Misserfolge einstellen. Überlege dir stattdessen:

- Was will ich erreichen?
- Welches Verhalten möchte ich ändern, damit ich an mein Ziel komme?
- Durch welche konkreten Veränderungen kann ich mein Ziel erreichen?
- Wann und wie lange werde ich arbeiten, um mein Ziel zu erreichen (genaue Zeitplanung)?

Wie ein solcher, vierstufiger Plan im Einzelnen aussehen kann, zeigen wir dir am Beispiel Anjas: **Was will Anja erreichen?** Sie möchte sich in Latein verbessern, um von der Fünf im Zeugnis wegzukommen, die ihre Versetzung gefährdet. Natürlich darf sie ihr Ziel nicht zu hoch stecken. Unrealistisch wäre es z. B., wenn sie sich gleich auf eine Zwei im Zeugnis verbessern wollte.

- **Welches Verhalten möchte sie ändern, um an ihr Ziel zu kommen?**

  Anja kennt ihre eigenen Schwachpunkte ziemlich genau: Sie hat nicht regelmäßig Vokabeln gelernt. Ein großer Teil ihrer Schwierigkeiten bei Übersetzungen geht darauf zurück, dass ihr Wortschatz nicht ausreicht. Darum nimmt sie sich vor, alle Vokabeln des Lehrbuchs systematisch zu lernen und zu wiederholen.
  Probleme mit der Grammatik führen immer wieder dazu, dass Anja während der Lateintests oder Klassenarbeiten zu viel Zeit verliert: Sie kann bestimmte Zeitformen von Verben nicht bilden und folglich nicht auseinanderhalten und kennt nicht alle Substantiv-Deklinationen.

- **Durch welche konkreten Veränderungen kann sie ihr Ziel erreichen?**

  Anja beschließt, eine Vokabelkartei anzulegen, um die Vokabeln systematisch zu lernen. Auch die verschiedenen Zeitformen der Verben wird sie wiederholen. Dazu fertigt sie sich Tabellen der verschiedenen Verbkonjugationen an. Ihre Mutter erklärt sich bereit, Anja abzufragen. Verbformen, die ihr gar nicht in den Kopf wollen, überträgt Anja auf ein Lernposter, das sie neben ihrem Bett aufhängt (siehe S. 80 f.). Täglich nach dem Aufwachen studiert sie kurz das Lernposter.

- **Wann und wie lange wird sie arbeiten, um ihr Ziel zu erreichen (genaue Zeitplanung)?**

  Anja nimmt sich täglich 15 Minuten Zeit zur Beschriftung ihrer Vokabel-Karteikarten. Anschließend lernt sie die beschrifteten Kärtchen 10 Minuten lang. Jeden dritten Tag fertigt Anja außerdem eine Tabelle mit allen wichtigen Zeiten einer bestimmten Verbkonjugation an. Auf diese Weise kann Anja ihre Lücken bis zur nächsten Klassenarbeit schließen.

Dein persönlicher Vier-Stufen-Erfolgsplan

Nun bist du an der Reihe! Notiere zu jedem der vier folgenden Schritte deine persönlichen Vorschläge:

- Was will ich erreichen?

  ____

  ____

  ____

  ____

- Welches Verhalten möchte ich ändern, damit ich an mein Ziel komme?
  Wenn du selbst nicht weißt, wo deine Probleme im betreffenden Fach liegen, bitte deinen Lehrer um Hilfe. Frage ihn, woran du seiner Meinung nach arbeiten solltest und wo deine typischen Probleme liegen.

  ____

  ____

  ____

  ____

- Durch welche konkreten Veränderungen kann ich mein Ziel erreichen?

  ____

  ____

  ____

  ____

- Wann und wie lange werde ich arbeiten, um mein Ziel zu erreichen (genaue Zeitplanung)?

  ____

  ____

  ____

  ____

Damit aus deinen Vorsätzen auch Wirklichkeit wird, solltest du Folgendes beachten:
Betrachte die Punkte, die du notiert hast, als eine Art Vertrag mit dir selbst. Du weißt, Verträge müssen eingehalten werden! Besonders wichtig ist es, dass du dich an deinen Zeitplan hältst. **Lerne lieber regelmäßig jeden Tag ein klein wenig als einmal in der Woche viel auf einmal.** Lasse vor dir selbst keine Ausreden gelten, warum du dich im Moment nicht an deinen Arbeitsplan halten kannst. Eine Hilfe bei der Einteilung der Zeit bietet das Erstellen eines Wochenarbeitsplans (siehe S. 29 ff.).
Hab' ein wenig Geduld, wenn der erhoffte Erfolg sich nicht sofort einstellt. Es ist wie beim Marathonlauf: Der Weg zum Ziel ist weit und unterwegs gilt es immer wieder, den inneren Schweinehund zu besiegen, um nicht auf halber Strecke schlapp zu machen.

Anhang

1. Lösungen

Aufgabe 1 (S. 14)

Mann mit Mütze: Foxterrier
Frau: Pudel
Mann mit Glatze: Bullterrier

Aufgabe 2 (S. 15)

Zur Überprüfung der Behauptung musst du zwei Karten umdrehen. Dreh zunächst die schwarze Karte um und sieh nach, ob sich auf der Rückseite ein Kreis befindet. Als nächstes drehst du die Karte mit dem Kreis um: Ist sie auf der anderen Seite schwarz? Trifft beides zu, stimmt die Behauptung, dass alle schwarzen Karten Kreise auf ihrer Rückseite haben.

Aufgabe 3 (S. 15)

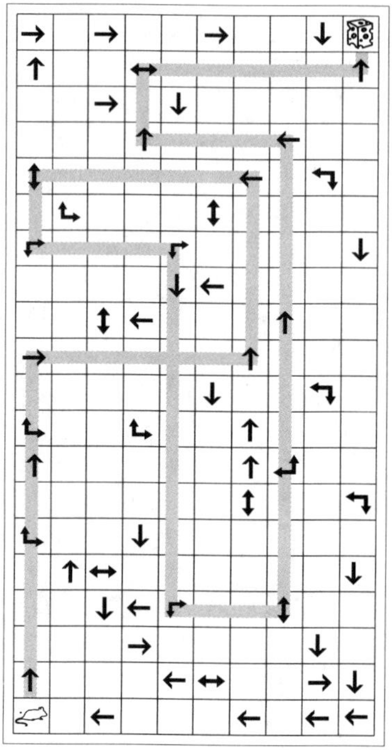

Aufgabe 4 (S. 16)

Keksdosen: Nimm ein Plätzchen aus der Dose mit der Aufschrift „Zimtsterne und Lebkuchen“. Da auch diese Dose falsch beschriftet ist, muss sie entweder ausschließlich Zimtsterne oder ausschließlich Lebkuchen enthalten. Damit kennst du den Inhalt dieser Dose. Ein Etikett kannst du nun sicher beschriften: Hast du z. B. einen Zimtstern erwischt, weißt du, dass die Dose Zimtsterne enthält. Deshalb müssen in der Dose, die die Aufschrift „Zimtsterne“ trägt, Lebkuchen sein. Die dritte Dose mit der Aufschrift „Lebkuchen“ enthält dann logischerweise beide Plätzchensorten gemischt.

Aufgabe 5 (S. 37 f.)

a) $3 \cdot 9 = 27$
$34 - 7 = 27$
$13 \cdot 4 = 52$
$56 : 8 = 7$
$123 - 37 = 86$
$1\,005 + 218 = 1\,223$
$64 : 8 = 8$
$6 \cdot 8 = 48$
$2\,015 - 38 = 1\,977$
$60 : 12 = 5$
$28 + 119 = 147$
$9 \cdot 8 = 72$
$47 - 19 = 28$
$42 : 6 = 7$
$297 + 18 = 315$
$3 \cdot 24 = 72$
$32 + 12 = 44$
$19 + 37 = 56$
$418 + 356 = 774$
$98 - 79 = 19$
$529 - 48 = 481$
$12 \cdot 7 = 84$
$43 - 29 = 14$
$95 + 37 = 132$
$784 + 427 = 1\,211$
$25 - 18 = 7$

b) $4 \cdot 8 = 32$
$57 - 9 = 48$
$14 \cdot 3 = 42$
$315 - 28 = 287$
$3\,017 + 303 = 3\,320$
$81 : 9 = 9$
$7 \cdot 8 = 56$
$1\,116 - 217 = 899$
$828 + 139 = 967$
$24 \cdot 4 = 96$
$17 + 19 = 36$
$938 + 138 = 1\,076$
$13 \cdot 3 = 39$
$45 : 9 = 5$
$582 + 21 = 603$
$3 \cdot 16 = 48$
$11 + 44 = 55$
$519 + 486 = 1\,005$
$98 - 79 = 19$
$613 - 27 = 586$
$15 - 8 = 7$
$49 + 71 = 120$
$37 - 9 = 28$
$27 : 9 = 3$
$42 : 7 = 6$
$82 + 13 = 95$

Auflösung: Schreibung mit Bindestrich (S. 97)

Lösungen

Schreibung mit Bindestrich

Lösungen zu den Übungen von Seite 42
Regeln auf Seite 40–41

1. **Sätze ergänzen**

   Sie war mit einem **18-Jährigen** befreundet.
   Es kommt **100-prozentig** zu einer Katastrophe.
   An meinem Geburtstag werde ich eine **2-tägige** Party feiern.

2. **Missverständnisse durch Bindestriche vermeiden**

   Er hatte seine Lehrzeit beendet und bekam nun sein **Drucker-Zeugnis.** (Nicht: Druck-Erzeugnis)
   Er konnte auf ein langes **Musiker-Leben** zurückblicken. (Nicht: Musik-Erleben)
   Unsere Firma ist auf die Herstellung erstklassiger **Druck-Erzeugnisse** spezialisiert. (Nicht: Drucker-Zeugnisse)

3. **Sinnvolle Verbindungen mit Bindestrich**

A	Punkt	**A-Dur**
b	Kurve	**x-beinig**
i	**Dur**	**i-Punkt**
S	beinig	**S-Kurve**
s	Shirt	**s-Laut**
T	Moll	**b-Moll**
x	Laut	**T-Shirt**

147

2. Wochenarbeitsplan

Kopiere dir folgenden Wochenarbeitsplan 40-mal (das reicht fürs ganze Jahr) und trage dann zu Beginn jeder Woche deine festen Termine sowie deine Lernzeiten ein (siehe S. 29 ff.).

Zeit	Montag	Dienstag	Mittwoch	Donnerstag	Freitag	Samstag
13.00						
13.30						
14.00						
14.30						
15.00						
15.30						
16.00						
16.30						
17.00						
17.30						
18.00						
18.30						

Zeichenerklärung:

- feste Termine
- Freizeit
- Zeit für Hausaufgaben

3. Vokabelkartei mit fünf Kammern (nach Sebastian Leitner)

Besorge dir einen Plakatkarton von ca. 3 mm Stärke. Du bekommst ihn in jedem Schreibwarengeschäft oder Kaufhaus. Er muss mindestens 60 cm lang und 21 cm breit sein. Du kannst aber auch ebenso gut das Rückenteil eines Zeichenblocks verwenden. Darauf überträgst du folgende Maße:

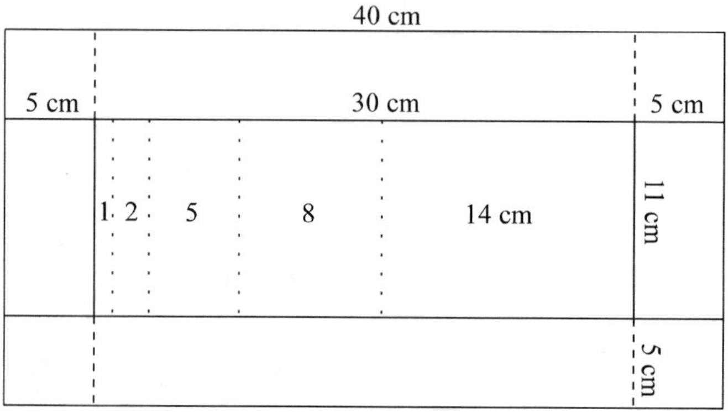

- - - - - - - = an diesen Stellen einschneiden

——————— = an diesen Stellen nach oben knicken (vorher mit Schere leicht einritzen)

· · · · · · · = auf diesen Linien Trennwände (zur Zelle) einsetzen

Die vier Trennwände zwischen den einzelnen Kammern haben folgende Maße:

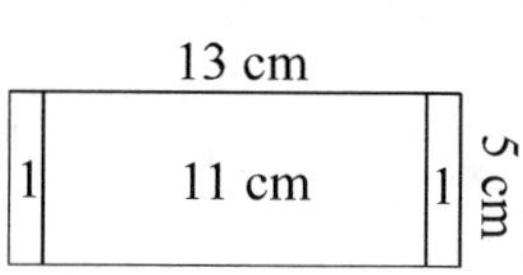

Nun benötigst du nur noch Karteikarten vom Format DIN A7 (7 × 10,5 cm). Du kannst sie entweder fertig kaufen oder selbst herstellen. Willst du sie selbst basteln, falte ein DIN-A4-Blatt drei Mal jeweils auf die Hälfte. Zerschneide es anschließend in acht gleiche Teile vom Format DIN A7. Diesen Vorgang wiederholst du so oft, bis du genügend Karteikarten erstellt hast.
Und nun viel Spaß beim Arbeiten mit deiner Vokabelkartei! (Eine Arbeitsanleitung findest du im Schülerheft auf S. 64 f.)

4. Eselsbrücken für verschiedene Unterrichtsfächer

Deutsch

Merkhilfen zur Rechtschreibung:

- „Auf einmal“ schreibt man zweimal.
- Wer „nämlich“ mit h schreibt, ist dämlich.
- „Nämlich“ kommt vom Namen her,
  drum ohne „h“ – das ist nicht schwer.
- „vor-“ und „ver-“ schreibt jeder Herr und jede Frau mit Vogel-V.
- Nach „l“, „m“, „n“, „r“, das merke ja,
  steht nie „tz“ und nie „ck“.
- Bei „-ig“, „-sam“, „-los“, „-lich“, „-isch“, „-vol“, „-bar“
  Adjektive, das ist doch klar!
- „-heit“ und „-keit“ und „-ung“ und „-schaft“,
  „-tum“ und „-nis“ und „-chen“ und „-lein“,
  schreibt man groß und niemals klein.
- Wenn „wieder“ nur „noch einmal“ meint,
  dann sind dort „i“ und „e“ vereint.
  Wenn „wider“ nur „dagegen“ meint,
  dann ist das „e“ dem „i“ stets Feind.
- Lärche schreibt man mit „ä“ wie Bäume.
  Lerche schreibt man mit „e“ wie Vogel.

Hier eine Merkhilfe für die aus dem Lateinischen abgeleiteten Bezeichnungen für die wichtigsten Wortarten. Mithilfe der Merkwörter „Zehe“ und „Vase“ kannst du dir die Bezeichnungen der wichtigsten Wortarten leichter einprägen:

- **Z** = Zeitwort = Verb = **V**
- **E** = Eigenschaftswort = Adjektiv = **A**
- **H** = Hauptwort = Substantiv = **S**
- **E** = Eigenname = Eigenname = **E**

Englisch

Im Englischen wird der Plural in der Regel durch Anhängen eines „s“ gebildet. Endet das Wort auf einen Zischlaut, muss jedoch ein „e“ vor dem Plural „-s“ eingeschoben werden:

- Es pluralt ja der Englischmann
  mit schlichtem „s“, solang er kann.
  Dem Zischlaut nur tut's „s“ so weh
  drum schieb im Plural ein ein „e“.
  Und als Exempel merke dir
  die folgenden Vokabeln hier:
  match and matches, glass and glasses,
  box and boxes, watch and watches.

Um eine weitere Besonderheit der Pluralbildung geht es auch im folgenden Merkspruch:

- Wenn es sich um den Plural handelt,
  wird „y“ in „ie“ verwandelt,
  aber nach „a“, „e“, „o“, „u“
  bleibt das „y“ in Ruh.
  Und als Exempel merke dir
  die folgenden Vokabeln hier:
  story and stories, baby and babies,
  but: toy and toys, day and days.
- Ehefrauen und auch Messer
  finden „v“ im Plural besser.
  Und darum auch merke dir
  folgende Vokabeln hier:
  wife and wives, knife and knives.

An die Verben der 3. Person Singular wird stets ein „s“ angehängt. Darum merke dir:

- „He“, „she“, „it“ – ein „s“ muss mit.

Wenn „who“ das Subjekt eines Satzes ist, werden alle Zeiten des Verbs ohne „to do“ gebildet, z. B. „Who came yesterday?“

- Bei „who“ kein „to do“!

Mathematik

- Differenzen und Summen kürzen nur die Dummen.
- Der Nullen sechs hat die Million,
  mit neun glänzt die Milliarde schon,
  es folgt mit zwölf ihr die Billion,
  zuletzt mit achtzehn die Trillion.
- Punkt geht vor Strich.

Latein

Wenn das Indefinitpronomen „aliquis“, „aliquid“, „aliquod“ mit einem vorangehenden „si“, „nisi“, „ne“, „num“, „quo“, „quanto“, „ubi“ oder „cum“ zusammentrifft, entfällt das Präfix „ali“:

- Nach „si“, „nisi“, „ne“, „num“,
  „quo“, „quanto“, „ubi“, „cum“
  fällt das „ali“ um.

Sätze, die durch die Konjunktionen „ut“, „ne“, „quo“ oder „quin“ eingeleitet werden, erfordern den Konjunktiv:

- „Ut“ und „ne“ und „quo“ und „quin“
  nehmen Conjunctivum hin.

Folgende Präpositionen fordern stets den Ablativ:

- „A“ und „ab“ und „ex“ und „de“,
  „cum“ und „sine“, „pro“ und „prae“.

Das natürliche Geschlecht (genus) eines Substantivs lässt sich nach der Bedeutung bestimmen:

- Die Männer, Völker, Flüsse, Wind
  und Monat **Maskulina** sind.

  Beispiele:

agricola sedulus	der fleißige Bauer
Persae antiqui	die alten Perser
Isara rapidus	die reißende Isar
aquilo molestus	der lästige Nordwind

- Doch jeden Baum und jede Frau
  als **weiblich** merke dir genau!
  Beispiele:
  mater cara die liebe Mutter
  fagus alta die hohe Buche

Das grammatische Geschlecht lässt sich nach der Endung der Substantive bestimmen:
Genusregel für die zweite oder o-Deklination:

- **Männlich** sind – leicht merk ich's mir –
  die auf **„-us“** und **„-er“** und **„-vir“.**
  Neutra sind hinwiederum
  alle jene dann auf **„-um“.**

  Ausnahmen von dieser Regel:
  Als weiblich „humus“ merk als „-us“,
  als sächlich „vulgus“, „pelagus“.

Genusregeln für die dritte oder gemischte Deklination:
Maskulina:

- Bei **„-or“, „-os“, „-er“,** dann wird es recht,
  setz stets das **männliche** Geschlecht!

  Ausnahmen von dieser Regel:

arb**or** umbros**a**	der schattige Baum
dos ampl**a**	die reiche Mitgift

Feminina:

- Feminina sind alle Wörter
  auf **„-o“, „-as“, „-es“, „-x“** und **„-aus“**
  und **„-s“** mit Konsonant voraus!

  Ausnahmen von dieser Regel:

le**o** (-onis) generos**us**	der edle Löwe
serm**o** (-onis) patri**us**	die heimische Sprache
ord**o** (ordinis) cert**us**	eine bestimmte Ordnung

Neutra:

- Die Wörter auf **„-n“, „-e“, „-l“, „-ar“,**
  dann **„caput“, „lac“** als eignes Paar
  und jene endlich auf **„-ur“, „-us“**
  ich mir als **Neutra** merken muss.

Ausnahmen von dieser Regel:

sol (solis) lucid**us**	die leuchtende Sonne
sal (salis) acerb**us**	das bittere Salz

- Alle Wörter auf „**-us**", „**-utis**", auch „**palus, paludis**" (der Sumpf), müssen immer **weiblich** sein.

  Beispiele:

sal**us** (salutis) public**a**	das öffentliche Wohl
iuvent**us** (-utis) imperit**a**	die unerfahrene Jugend
virt**us (-utis)** ver**a**	die wahre Tugend
pal**us** (paludis) alt**a**	der tiefe Sumpf
sus (suis) fer**a**	das Wildschwein

Genusregeln für die vierte oder u-Deklination:

- Der vierten **„-us"** lass **männlich** sein,
  doch räume **„-u"** den **Neutra** ein.
  Feminina sind auf **„-us":**
  „domus", „manus".

Genusregeln für die fünfte oder e-Deklination:

- Der fünften Wörter auf **„-es"**
  sind alle etwas **Weibliches.**

  Ausnahmen von dieser Regel:
  „Meridies" und „dies" (Tag)
  man **männlich** stets behandeln mag.
  Heißt **dies** aber **Frist, Termin,**
  dann gilt es auch als **feminin.**

Erdkunde

Die Quellflüsse der Donau kannst du dir folgendermaßen einprägen:
- Brigach und Breg bringen die Donau zuweg.

So merkst du dir die Nebenflüsse der Donau:
- Iller, Lech, Isar und Inn
  fließen rechts zur Donau hin,
  Altmühl, Wörnitz, Naab und Regen
  kommen ihr von links entgegen.

In Passau treffen die drei Flüsse Donau, Inn und Ilz zusammen, um dann zu einem Strom vereint bis zum Schwarzen Meer zu fließen:
- Inn vom Süden, Ilz von Nord
  treffen sich am gleichen Ort
  Mit der Donau gehts bergab
  bis zum Schwarzen Meer hinab.

Die Weser entsteht aus Werra und Fulda:
- Dann, wenn Werra und Fulda sich küssen
  und ihren Namen lassen müssen,
  ensteht durch diesen dicken Kuss
  so nebenbei der Weserfluss.

Daraus setzt sich Granit zusammen:
- Im Granit – und dies vergess ich nimmer –
  sind Feldspat, Quarz und Glimmer.

5. Literaturverzeichnis

Baddeley, A.: So denkt der Mensch. Unser Gedächtnis und wie es funktioniert. München 1988.

Berquet, K.-H.: Sitz- und Haltungsschäden. Auswahl und Anpassung der Schulmöbel. Stuttgart 1988.

Birkenbihl, V. F.: Stroh im Kopf? Eine Gebrauchsanleitung fürs Gehirn. München 1994.

Endres, W. u. a.: So macht Lernen Spaß. Weinheim, Basel 1989.

Fuchs, H., Graichen W. U.: Bessere Lernmethoden. München 1990.

Lateinische Reimregeln zum leichteren Erlernen des Genus und der Deklination. Bamberg 1980.

Leitner, S.: So lernt man lernen. Freiburg, Basel, Wien 1997.

Schulz von Thun, F.: Miteinander reden 1. Störungen und Klärungen. Hamburg 1990.

Schulrecht Bayern: Richtlinien für die Erteilung von Aufgaben zur häuslichen Bearbeitung. Bek. vom 1. 3. 1977.

Schulrecht Hessen: Allgemeine Schulordnung; hier: Hausaufgaben. Erlass vom 17. 1. 1977.

Schulrecht Nordrhein-Westfalen: Hausaufgaben für die Klassen 1 bis 10 aller Schulformen. RdErl. vom 2. 3. 1974.

Wujec, T.: Schneller schalten als andere. Vom spielerischen Denken zur geistigen Überlegenheit. Genf 1991.

Ihre Meinung ist uns wichtig!

Ihre Anregungen sind uns immer willkommen.
Bitte informieren Sie uns mit diesem Schein über Ihre Verbesserungsvorschläge!

Titel-Nr.	Seite	Fehler, Vorschlag

Bitte hier abtrennen

Zutreffendes bitte ankreuzen!

Die Absenderin/der Absender ist:

- ☐ Lehrer/in
- ☐ Fachbetreuer/in
  Fächer: ____________
- ☐ Seminarlehrer/in
  Fächer: ____________
- ☐ Regierungsfachberater/in
  Fächer: ____________
- ☐ Oberstufenbetreuer/in
- ☐ Schulleiter/in
- ☐ Referendar/in, Termin 2. Staatsexamen: ____________
- ☐ Leiter/in Lehrerbibliothek
- ☐ Leiter/in Schülerbibliothek
- ☐ Sekretariat
- ☐ Eltern
- ☐ Schüler/in, Klasse: ____________
- ☐ Sonstiges: ____________

Unterrichtsfächer: (Bei Lehrkräften!)

____

STARK Verlag
Postfach 1852
85318 Freising

11-V1M

Bitte ausfüllen und im frankierten Umschlag an uns einsenden. Für Fensterkuverts geeignet.

Kennen Sie Ihre Kundennummer?
Bitte hier eintragen.

Absender (Bitte in Druckbuchstaben!)

Name/Vorname ____________

Straße/Nr. ____________

PLZ/Ort ____________

Telefon privat für Rückfragen ____________ **Geburtsjahr** ____________

E-Mail-Adresse ____________

Schule/Schulstempel (Bitte immer angeben!)

(Bitte blättern Sie um)